Inhaltsverzeichnis

Vorwort

Liebe Erzieher*innen,

Sie und die Kinder Ihrer Kindertageseinrichtung sind umgeben von einer bunten Welt. Von Anfang an werden die Kinder in ihrer Umwelt mit Farben konfrontiert. Zuerst lernen sie, diese zu unterscheiden, können sie dann zuordnen, schließlich benennen sie sie und letztendlich differenzieren sie Farbtöne innerhalb der einzelnen Farben.
Diese Mappe enthält viele alters- und entwicklungsangemessene Ideen und Vorschläge, wie Sie den 2–6-jährigen Kindern Ihrer Einrichtung die bunte Welt der Farben näherbringen können. In der Praxis hat es sich als methodisch sinnvoll gezeigt, die Farben eine nach der anderen einzuführen und so langsam das Farbspektrum zu erweitern.

Ziele dieses Projektes sind unter anderem:
- das Erlernen eines Grundverständnisses für Farben und deren Mischverhältnisse,
- die Entdeckung der Farben in unserer Umwelt,
- das Begreifen der Farben mit allen Sinnen.

Die Untergliederung in die zehn Bildungsbereiche (s. auch die Übersicht auf S. 3) erleichtert Ihnen die Berücksichtigung Ihres Bildungsauftrages. Die verschiedenen Ideen sind stets, je nach ihrem Schwerpunkt, einem einzelnen Bildungsbereich zugeordnet. Dies heißt allerdings nicht, dass sie auch nur diesen abdecken. So können zum Beispiel die Spiele mit dem Schwungtuch (s. S. 43) neben dem Bereich „Körpererfahrung und Bewegung“ auch zu „Wahrnehmung und Entspannung“ oder „Sozialerfahrungen“ zugeordnet werden. Die Übergänge sind zum Teil folglich fließend.

Zu den einzelnen Vorschlägen finden Sie Materiallisten, Kopiervorlagen, Angaben zu Vorbereitungen, Arbeitsanleitungen, Spielregeln, Varianten und Tipps. Hinzu kommen noch Sachinformationen und Arbeitshinweise (ab S. 3).

Zum Schluss wünsche ich Ihnen und Ihren Kindern viel Spaß bei der Reise durch die bunte Welt der Farben.

Sonja Zeletzki

Hinweis:
Aus Gründen der besseren Lesbarkeit wird im Folgenden auf eine sprachliche Differenzierung der Geschlechterbezeichnungen verzichtet. Da die Erzieher*innen in Kindertagesstätten zumeist weiblich sind, haben wir uns hier für die weibliche Form entschieden. Selbstverständlich sind stets alle Geschlechter angesprochen.

Vorbemerkungen und Arbeitshinweise

Zu den verwendeten Symbolen

Bildungsbereiche (jeweils das äußerste Symbol oben rechts auf den Arbeitsblättern):

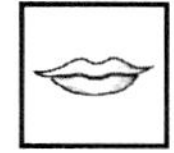 Sprachliche Bildung

 Musikalische Bildung

 Ästhetische Erziehung

 Umwelt-, Sach- und Naturbegegnung

 Gesundheit und Ernährung

 Mathematische Bildung

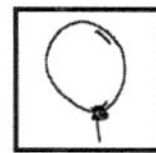 Feste und Feiern

 Wahrnehmung und Entspannung

 Körpererfahrung und Bewegung

 Sozialerfahrungen

Sonstige Symbole:

 geeignet für die Begabtenförderung

 für unter 3-Jährige geeignet

Layout:

- Die Seiten mit dem **Pinsel** im Layout unten rechts sind für die Erzieherin gedacht.

- Die Seiten mit der **Staffelei** unten rechts sind Arbeitsblätter, die direkt mit den Kindern bearbeitet werden können.

Wissenswertes zum Thema „Farben“

Grundfarben / Primärfarben:
Es gibt drei Grundfarben in der Farbenlehre: Gelb, Rot und Blau. In der Fachsprache nennt man sie „Primärfarben“. Das wichtigste Merkmal der Grundfarben ist, dass man sie nicht durch Mischen von anderen Farben herstellen kann.

Sekundärfarben:
Als Sekundärfarben bezeichnet man Farben zweiter Ordnung, die durch das Mischen von zwei Primärfarben entstehen. So entstehen drei Farben: Orange (als Mischfarbe von Gelb und Rot), Violett (als Mischfarbe von Rot und Blau) und Grün (als Mischfarbe von Gelb und Blau). Je nach Mischverhältnis kann die Sekundärfarbe unterschiedlich ausfallen.

Tertiärfarben:
Tertiärfarben sind Farben dritter Ordnung, sie entstehen durch das Mischen aller drei Primärfarben miteinander und umfassen den Bereich der Brauntöne. Je nach Mischungsverhältnis kann dabei auch ein Rotton, ein Blauton oder ein Grünton entstehen. Diese Farben werden auch „schmutzige Farben“ genannt.

Reine Farben:
Primär- und Sekundärfarben bezeichnet man jeweils auch als „reine Farben“, wenn
- sie nicht mit Weiß aufgehellt wurden,
- sie nicht mit Schwarz getrübt wurden,
- generell keine andere bunte oder unbunte Farbe zugemischt wurde.

Vorbemerkungen und Arbeitshinweise

Bunte und unbunte Farben:
Als unbunte Farben werden alle Farbtöne auf der Skala von Weiß bis Schwarz bezeichnet. Demnach sind alle übrigen Farben bunte Farben.

Der Farbkreis:
Im Kunstunterricht richtet man sich in der Regel nach dem Farbkreis von Johannes Itten. Dieser Farbkreis zeigt die Primär- und Sekundärfarben in ihrer reinen Form. Sie teilen sich in eine warme und kalte Zone auf. Die warmen Farben befinden sich in der rechten Hälfte und die kalten in der linken Hälfte. Gelb und Violett sind relativ neutral und werden, je nach ihrem Rotanteil, eher als kalt oder warm empfunden. Ein Gelbgrün empfinden viele als nicht kalte Farbe.

Der Regenbogen:
Der Regenbogen ist ein Naturphänomen. Scheint während eines Regenschauers die Sonne, so spalten die Wassertropfen, die sich in der Luft befinden, das Sonnenlicht in seine sieben Farben auf. Diese sind: Rot, Orange, Gelb, Grün, Blau, Indigoblau und Violett. Man nennt sie auch Spektralfarben. Um den Regenbogen sehen zu können, muss man die Sonne im Rücken haben. Sonnenlicht erscheint uns ansonsten weiß, da sich alle seine sieben Farben vermischen. Im Heft beschränke ich die Farben des Regenbogens auf sechs. Ich fasse das Blau und das Indigoblau zusammen, da es nur schwer zu sehen und für die Kinder kaum zu unterscheiden ist. Der Farbverlauf des Regenbogens von außen nach innen ist dann: Rot, Orange, Gelb, Grün, Blau und Violett. Des Weiteren kann man einen Regenbogen auch im Sprühnebel eines Wasserfalles, eines Springbrunnens oder einer Sprinkleranlage sehen.

Tipps, Anregungen und Sachinformationen zu den einzelnen Angeboten

Zum Umgang mit den Arbeitsblättern:
Diese Projektmappe enthält auch einige Arbeitsblätter, deren Aufgabenstellung Sie mit den Kindern in Kleingruppen besprechen (vorlesen) müssen.
Für die Aufbewahrung der Arbeitsblätter empfehle ich, je nach Gruppensituation und organisatorischen Bedingungen, verschiedene Möglichkeiten:

- Ablagefächer (alternativ unifarben gestaltete Deckel von Kopierpapierkartons): Die Kinder haben so freien Zugriff auf die darin sortierten Arbeitsblätter und können ihre Aufgaben selbst auswählen.
- Jedes Kind verfügt über einen Schnellhefter, in den die Erzieherin regelmäßig nach Alter und Entwicklungsstand ausgewählte Arbeitsblätter (z. B. zwei Arbeitsblätter pro Woche) einheftet oder diese gemeinsam mit dem Kind aussucht. Die Kinder wählen die Zeit zur Bearbeitung entweder frei oder es gibt festgelegte Zeiten, innerhalb derer das Kind seine Arbeitsblätter bearbeiten kann.
- Die fertiggestellten Arbeitsblätter werden im Schnellhefter oder in einer Sammelmappe/einem Sammelordner abgeheftet bzw. gehören als Anlage zur Bildungsdokumentation oder zum Portfolio.

Allgemeine Information zu den Bastelarbeiten im Bereich „Ästhetische Erziehung", ab S. 14:
Fotografieren Sie die Materialzusammenstellung und jeden einzelnen Arbeitsschritt. Kleben Sie die entwickelten Fotos mit der Auflistung der Materialien bzw. mit der dazugehörigen schriftlichen Arbeitsanweisung auf DIN-A5-Karten, nummerieren Sie die Karten in der richtigen Reihenfolge und laminieren Sie diese. So erhalten Sie bebilderte Karten, die Ihre Kinder zum selbstständigen Arbeiten motivieren.

Zu „Farbenbuch", S. 14:
Das Buch kann begleitend zum Farbprojekt gestaltet und beliebig erweitert werden. Wenn eine Farbe besprochen wird, können die Seiten dazu bearbeitet werden. Als Hilfestellung kann man den Kindern auch Prospekte, Zeitschriften und Kataloge geben, aus denen sie dann die entsprechend farbigen Dinge ausschneiden können. So haben die Kinder am Ende des Projektes ein fertiges Buch.

Vorbemerkungen und Arbeitshinweise

Zu „Farbschätze sortieren“, S. 19:
Als Einstimmung auf den Spaziergang kann man das Bilderbuch „Frederick“ von Leo Lionni vorlesen, denn Frederick sammelt ebenfalls Farben. Als Abschluss präsentieren Sie die Farbschätze in einer Ausstellung.

Zu „Farben zerlegen“, S. 19:
Schwarze Stifte eignen sich am besten, das Experiment funktioniert aber auch mit anderen dunklen Farben. Je nach Stift muss der Kreis etwas kräftiger gemalt werden. Probieren Sie dies am besten vorher zu Hause aus, damit es keine Enttäuschung gibt.

Zu den Rezepten im Bereich „Gesundheit und Ernährung“, ab S. 22:
Zu den Rezepten finden Sie auf der Seite 25 Bilder mit allen bei den Rezepten verwendeten Zutaten und Haushaltsgeräten sowie Pfeilen, mit deren Hilfe Sie die Rezepte bei Bedarf als großes Plakat gestalten können. Vergrößern Sie dazu die benötigten Zeichnungen auf dem Kopierer. Mit den vorhandenen Bildern können Sie auch Bildrezepte auf einem DIN-A4-Blatt erstellen, für jedes Kind kopieren und in einem Schnellhefter sammeln. So erhalten die Kinder eine eigene Bild-Rezepte-Mappe.
Achtung: Bitte achten Sie bei den Rezepten auf eventuelle Lebensmittelunverträglichkeiten der Kinder!

Zur „Urkunde“ unter „Feste und Feiern“, S. 34:
Wenn ein Kind alle Stempel bzw. Klebepunkte auf seiner Stationenkarte hat, erhält es eine Urkunde. Hierzu müssten vorab genügend Kopien angefertigt werden (evtl. auf farbigem Papier), in die man vor dem Überreichen den Namen des Kindes oder „Familie X“ (falls die ganze Familie teilgenommen hat) eintragen kann.

Zur Bewegungsgeschichte „Suche die Farben des Regenbogens“, S. 45:
Zum Abschluss, beim Legen der Muggelsteine auf das Regenbogenbild, könnte man das Lied „Der Regenbogen“ (s. S. 13) singen.

Weitere Anregungen und Übungen

„Experimentieren im Wasserlabor“ (ab 3 Jahren):
Die Kinder sollen durch Zusammenschütten von farbigem Wasser zum Beispiel herausfinden, was passiert, wenn man die Grundfarben mischt, einen Klecks Farbe ins Wasser tropfen lässt oder farbiges Wasser mit klarem Wasser verdünnt. Sie benötigen hierzu mehrere durchsichtige Gefäße, Trichter, Wasserfarben, Eimer und Schöpfkellen, Aufnehmer und viel Wasser.
Als anschließende Übung bietet sich das Arbeitsblatt „Mische die Farben!“ von Seite 39 an.

„Finde etwas Rotes!“ (ab 4 Jahren):
Hier sollen die Kinder fünf rote Dinge suchen, einen Turm bauen und ihn auf ein Blatt abzeichnen. Die Aufgabe kann mit jeder beliebigen Farbe wiederholt und die Anzahl der zu holenden Gegenstände variiert werden. Anstelle des Turmes kann zum Beispiel ein Haus gebaut werden.

„Schau genau!“ (ab 4 Jahren):
Die Kinder schauen nach, wie viele Kinder in der Gruppe zum Beispiel einen blauen Pullover tragen. Auf ein Blatt zeichnen sie für jedes Kind einen Menschen (Strichmännchen). Die Aufgabe kann mit jeder beliebigen Farbe und Kleidung wiederholt werden. Statt der Menschen kann auch das Kleidungsstück gemalt werden.

„Farben-Memo-Spiel“ (ab 4 Jahren):
Die Bildkarten der Spiele „Farben-Domino“ (S. 7) und „Bilder-Raten“ (S. 8 und 9) kann man auch als Vorlagen für ein Memo-Spiel nutzen.

Farben-Domino (ab 4 Jahren, für 2 Spieler)

Material:
Dominokarten (Vorlagen s. S. 7)

Spielregeln:

- Alle Dominokarten verdeckt auf den Tisch legen, gut durchmischen und anschließend gleichmäßig an alle Spieler verteilen.
  Jeder Spieler hält seine Karten, für die anderen Spieler verdeckt, in der Hand.
- Der erste Spieler legt eine seiner Dominokarten mitten auf den Tisch und benennt die beiden Abbildungen und deren Farben. Der nächste Spieler sucht in seinen Karten eine passende, gleichfarbige Abbildung, legt diese an und benennt ebenso die Abbildungen und deren Farben. Hierbei ist es egal, an welcher Seite er anlegt.
- Hat ein Spieler keine passende Dominokarte auf der Hand, ist der Nächste an der Reihe.
- Sieger ist, wer als Erster alle Karten abgelegt hat.

Variante:
Bei jüngeren Kindern oder auch zur Einführung des Spiels werden alle Dominokarten offen am Rand des Tisches verteilt. Die Spieler suchen aus allen Karten eine passende heraus. Einen einzelnen Gewinner gibt es bei dieser Variante nicht. Alle sind Sieger, wenn alle Dominokarten angelegt wurden.

Bilder-Raten (ab 4 Jahren)

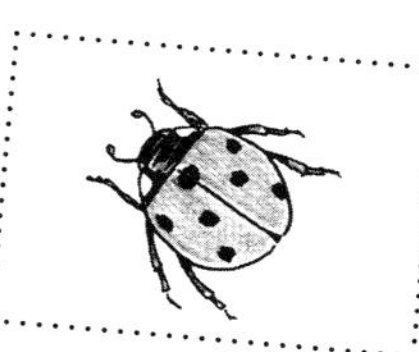

Material:
Bildkarten (Vorlagen s. S. 8 und 9)

Spielregeln:
- Alle Bildkarten offen auf dem Tisch verteilen.
- Der erste Spieler sucht sich im Kopf eine der Karten aus und fängt an, diese zu beschreiben. Er beginnt mit allgemeinen Beschreibungen, die auf mehrere Bilder gleichzeitig zutreffen, und wird dann immer konkreter (z. B. man kann es essen, es ist gelb, es ist gebogen = Banane; es kann verschiedene Farben haben, man kann es anziehen, es kann kurz oder lang sein, es hat oft einen Reißverschluss = Hose).
- Wenn einer der anderen Spieler glaubt zu wissen, um welches Bild es sich handelt, benennt er es laut. Hat er Recht, bekommt er die Bildkarte und darf als Nächster eine Karte beschreiben. Ist es falsch, darf er in dieser Runde nicht mehr mitraten und der erste Spieler beschreibt weiter seine Bildkarte.
- Haben alle Spieler falsch geraten, benennt der Spieler, der die Bildkarte beschrieben hat, diese, dreht sie um, damit sie aus dem Spiel ist, und ist noch einmal an der Reihe.
- Sieger ist, wer am Ende die meisten Bildkarten erraten hat.

Tipp:
Die Bildkarten können durch Bilder vom Farben-Domino (Vorlage s. S. 7) erweitert oder auch ausgetauscht werden.

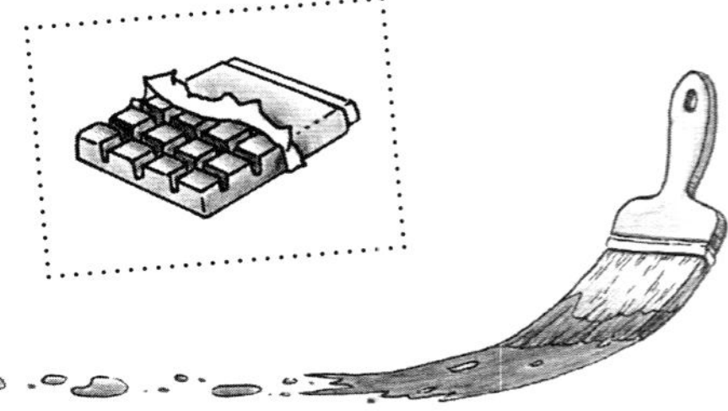

BVK • Sonja Zeletzki: Kita aktiv „Projektmappe Farben"

Kopiervorlage zu „Farben-Domino“

Kopiervorlage zu „Bilder-Raten“ und „Kunterbunt-Spiel“ (1)

Kopiervorlage zu „Bilder-Raten" und „Kunterbunt-Spiel" (2)

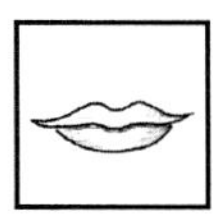

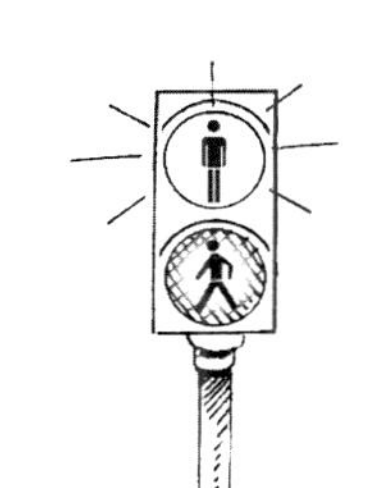

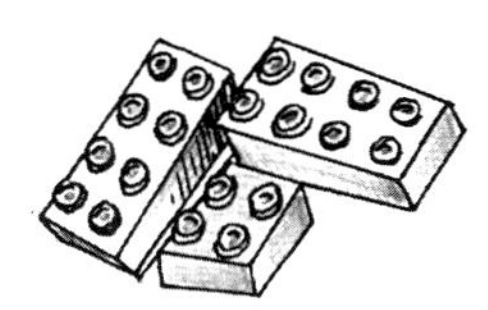
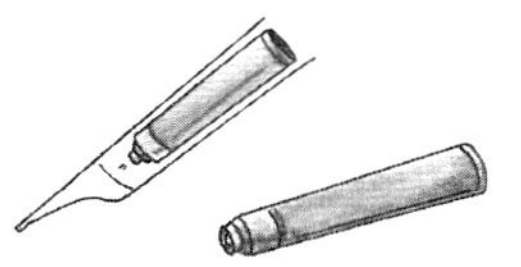

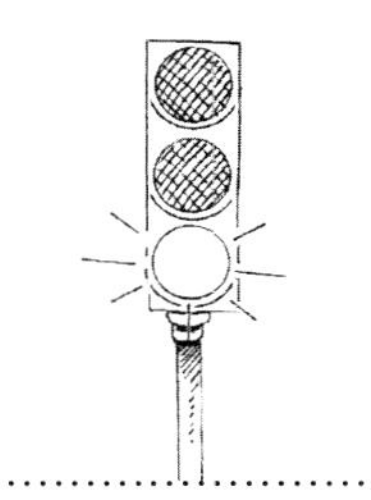

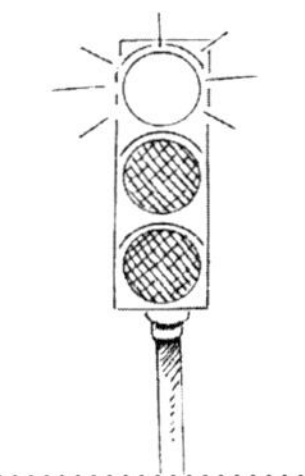
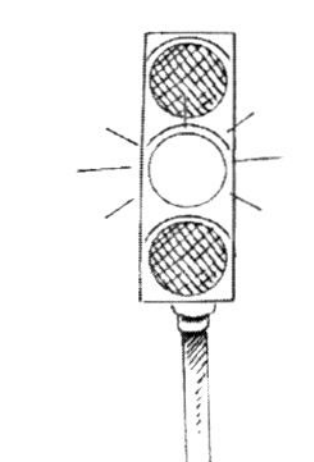
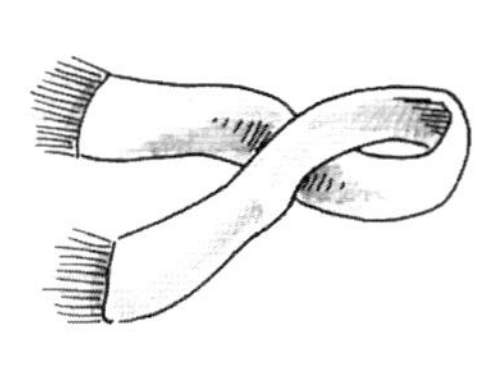

Unbunte Farben

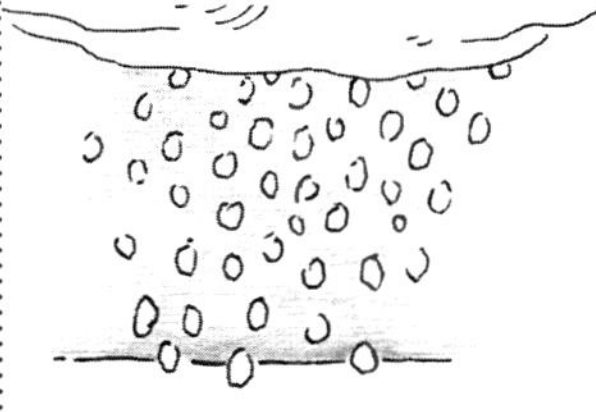

Kunterbunt-Spiel (ab 4 Jahren)

Material:
Bildkarten (Vorlagen s. S. 8 und 9), davon 37 mit Motiven, die nur einer bestimmten Farbe zugeordnet werden können (inkl. 9 unbunte Karten) und 16 mit Motiven, die mehrere Farben haben können (Hose, Pilz, Blume, Auto, Pullover, Fahrrad, Apfel, Buntstift, Paprika, Perlenkette, Bausteine, Tintenpatronen, Regenbogen, Schal, Trauben, Osterglocke)

Spielregeln:
- Die Bildkarten werden verdeckt auf dem Tisch verteilt.
- Der erste Spieler deckt eine beliebige Bildkarte auf und benennt die Abbildung und deren Farbe. Beschreibt er die Karte richtig, bleibt die Bildkarte offen liegen und der nächste Spieler ist an der Reihe. Kann ein Spieler seine Karte nicht benennen, werden alle offenen Bildkarten wieder umgedreht.
- Dreht ein Spieler eine Bildkarte um, deren Abbildung alle Farben haben kann, so sagt er laut „Kunterbunt" und darf eine weitere Bildkarte aufdecken. Falls er nicht erkennt, dass diese Karte alle Farben haben kann, gilt sie als nicht benannt und alle Karten werden wieder umgedreht.
- Das Spiel ist beendet, wenn alle Bildkarten aufgedeckt sind.

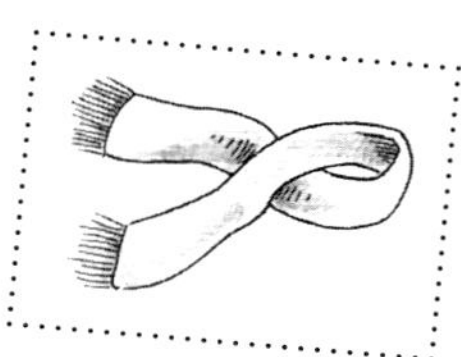 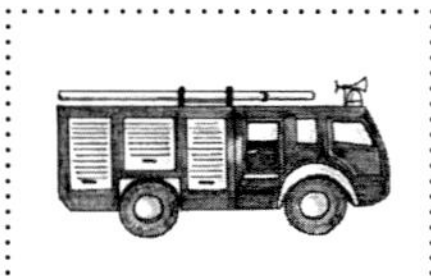 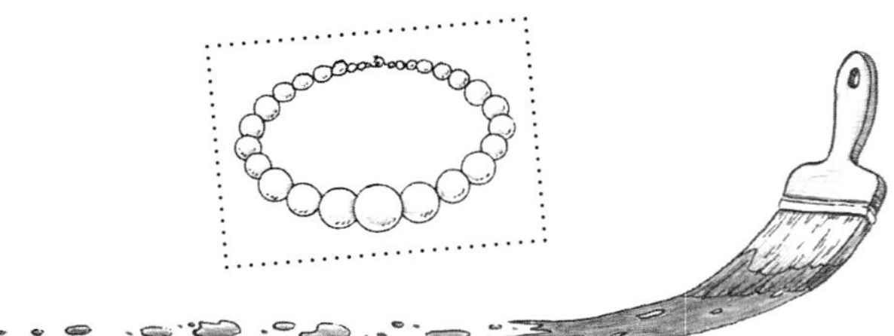

Fingerspiel „Fünf Pinsel" (ab 2 Jahren)

Ein Maler packt die Pinsel aus. Fünf Stück hat er davon im Haus.	*5 Finger einer Hand zeigen* *mit beiden Händen ein Haus darstellen*
Mit dem Ersten malt er strahlend hell die Sonne an den Himmel schnell.	*Daumen zeigen* *mit dem Daumen eine Sonne in die Luft malen*
Mit dem Zweiten umfährt er galant die fünf Finger einer Hand.	*Zeigefinger zeigen* *mit dem Zeigefinger die andere Hand umfahren*
Mit dem Dritten malt er dann ein schönes Haus so gut er kann.	*Mittelfinger zeigen* *mit dem Mittelfinger ein Haus in die Luft malen*
Mit dem Vierten zeichnet er nun eine Blume, wie alle es tun.	*Ringfinger zeigen* *mit dem Ringfinger eine Blume in die Luft malen*
Mit dem Fünften und Letzten zum Schluss, macht er den Mund rot für einen Kuss.	*kleinen Finger zeigen* *mit dem kleinen Finger die Lippen entlangfahren,* *zum Schluss in die Luft küssen*

BVK • Sonja Zeletzki: Kita aktiv „Projektmappe Farben"

Bildkarten pusten (ab 4 Jahren)

Material:
Bildkarten (Vorlagen s. S. 8 und 9), je Kind 1 kleine bunte Feder

Spielregeln:

- Alle Bildkarten werden mit genügend Abstand zueinander verdeckt in der Tischmitte verteilt.
- Der erste Spieler versucht, seine Feder mit einem Atemzug so anzupusten, dass sie auf einer Bildkarte liegenbleibt. Hat er dies geschafft, dreht er die Bildkarte um und benennt die Abbildung und deren Farbe. Er darf die Bildkarte dann offen vor sich ablegen. Nun ist er noch einmal an der Reihe.
- Schafft es der Spieler nicht, die Feder auf einer Bildkarte zu platzieren, ist der nächste Spieler an der Reihe.
- Das Spiel ist zu Ende, wenn alle Bildkarten erpustet worden sind. Sieger ist, wer am Ende die meisten Bildkarten hat.

Regenbogen-Spiel (ab 4 Jahren)

Material:
1 Farbwürfel mit den Farben Rot, Orange, Gelb, Grün, Blau und Violett, je Kind 1 Spielkarte „Regenbogen" mit den passenden Farbteilen (Vorlagen s. S. 12) und 1 Strohhalm

Vorbereitung:
Je Spieler die beiden Regenbogen einmal kopieren. Für die Farbteile die zweite Kopiervorlage (sie ist etwas kleiner) von außen nach innen wie folgt ausmalen: Rot, Orange, Gelb, Grün, Blau und Violett. Alle Felder auseinanderschneiden.

Spielregeln:

- Der erste Spieler würfelt. Entsprechend der gewürfelten Farbe darf er ein Farbteil mit dem Strohhalm durch Ansaugen auf das passende Feld auf seiner Spielkarte platzieren. Dann ist der nächste Spieler an der Reihe.
- Hat ein Spieler kein Farbteil mehr in der gewürfelten Farbe, darf er den Wurf an einen Spieler seiner Wahl verschenken, der noch ein entsprechendes Farbteil besitzt.
- Sieger ist, wer als Erster einen kompletten, bunten Regenbogen auf seiner Spielkarte hat.

Varianten:

- Alle Spieler belegen zusammen einen Regenbogen und es gibt nur einen gemeinsamen Sieg.
- Es wird in Einzelarbeit mit einem Kind geübt.
- Man nimmt einen Zahlenwürfel hinzu, der die Anzahl der abzulegenden Felder bestimmt. Dadurch geht das Spiel schneller.

Kopiervorlage zu „Regenbogen-Spiel“

Spielkarte

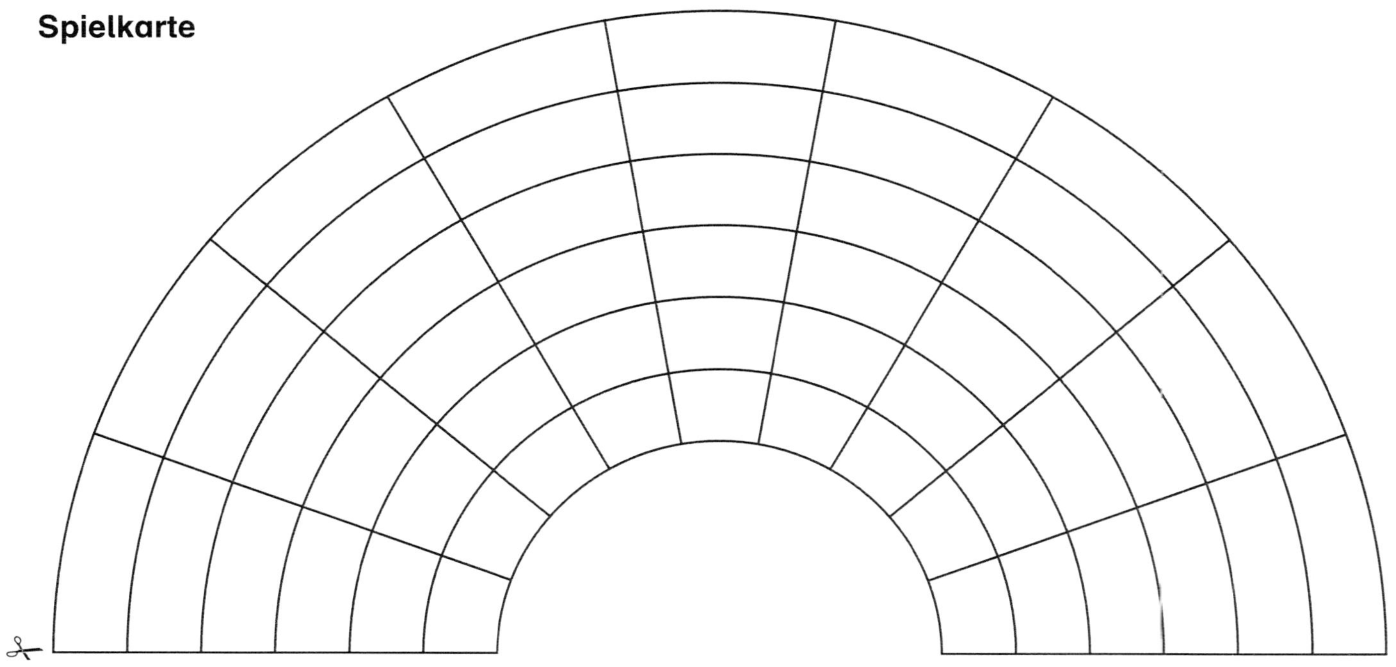

Farbteile

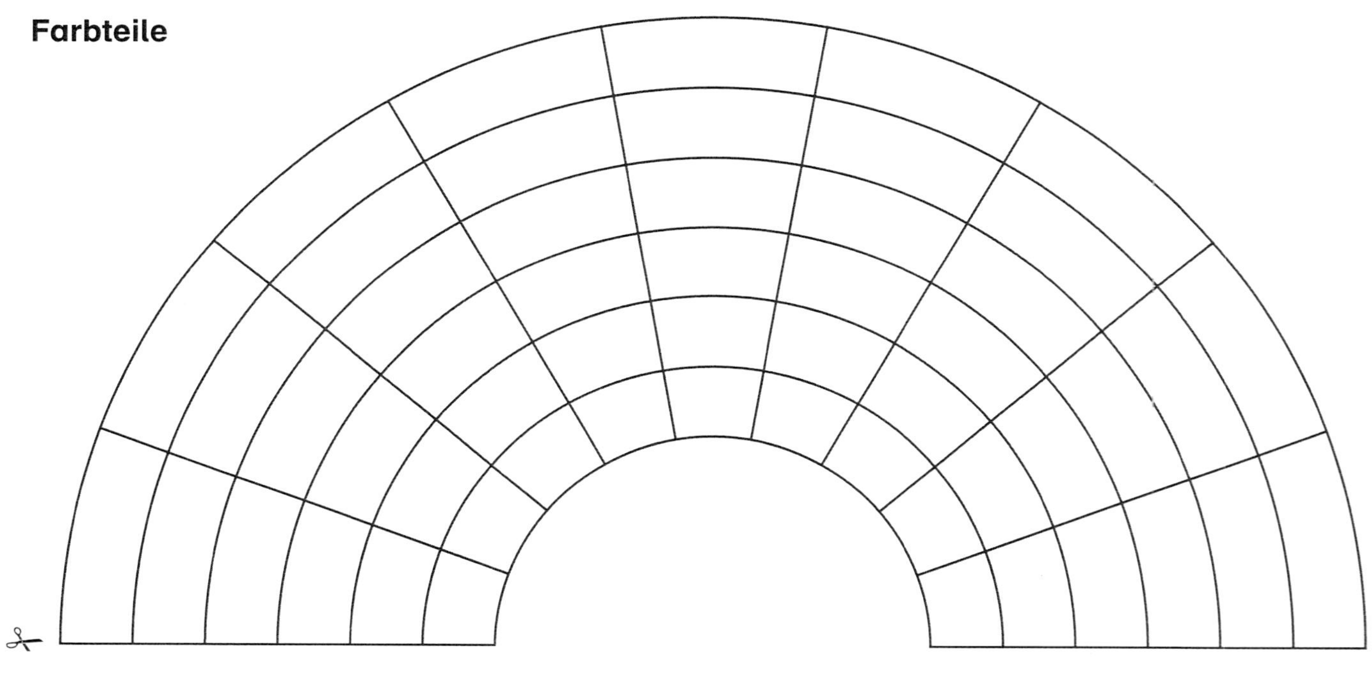

(bitte bei Bedarf hochkopieren)

Das Farbenlied (ab 3 Jahren)

2. Rot, rot, rot sind reife, kleine Kirschen,
rot, rot, rot ist unser aller Blut.
Und nun such ich alles, was noch rot ist,
sag mir, was du außer Rosen kennst!

3. Blau, blau, blau ist überall der Himmel,
blau, blau, blau ist ein Vergissmeinnicht.
Und nun such ich alles, was noch blau ist,
sag mir, was du außer Wasser kennst!

4. Grün, grün, grün ist eine lange Gurke,
grün, grün, grün ist auch ein kleiner Frosch.
Und nun such ich alles, was noch grün ist,
sag mir, was du außer Rasen kennst!

Text: Sonja Zeletzki
Melodie: Grün, grün, grün sind alle meine Kleider
(Volksweise)

Der Regenbogen (ab 3 Jahren)

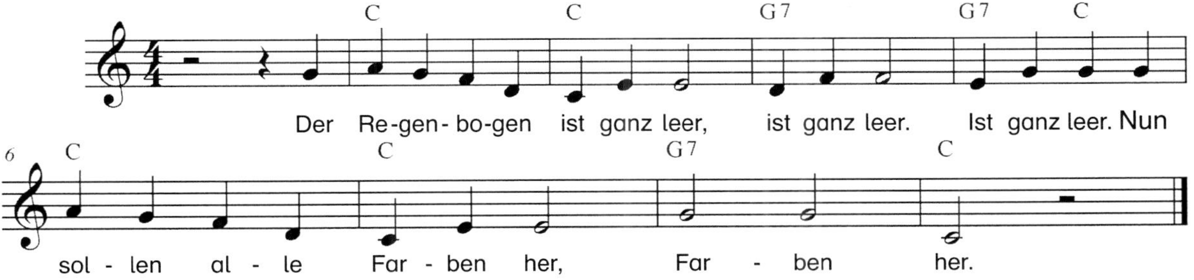

2. Violett zieht nun als Erstes ein, Erstes ein, Erstes ein.
Violett zieht nun als Erstes ein, Erstes ein.
3. Als Zweites zieht das Blau nun ein, Blau nun ein, Blau nun ein.
Als Zweites zieht das Blau nun ein, Blau nun ein.
4. Als Drittes kommt das Grün hinzu, Grün hinzu, Grün hinzu.
Als Drittes kommt das Grün hinzu, Grün hinzu.
5. Das Gelb, das zieht als Viertes ein, Viertes ein, Viertes ein.
Das Gelb, das zieht als Viertes ein, Viertes ein.
6. Nun kommt als Fünftes das Orange, das Orange, das Orange.
Nun kommt als Fünftes das Orange, das Orange.
7. Als Sechstes zieht das Rot nun ein, Rot nun ein, Rot nun ein.
Als Sechstes zieht das Rot nun ein, Rot nun ein.
8. Der Regenbogen ist nun bunt, ist nun bunt, ist nun bunt.
Der Regenbogen ist nun bunt, ist nun bunt.

Text: Sonja Zeletzki
Melodie: Dornröschen war ein schönes Kind
(Volksweise)

Farbenbuch **(ab 3 Jahren)**

Material:

pro Kind: 2 Blätter Tonkarton DIN A4 (Farbe nach eigener Wahl), 1 Heftstreifen und 7 Kopien vom Farbkreis (Vorlage s. u.), zudem weißes DIN-A4-Papier, Locher, Buntstifte (Gelb, Orange, Rot, Blau, Violett, Grün), Tonkartonreste (Gelb, Orange, Rot, Violett, Blau und Grün)
für die Gruppe: Scheren, Kleber, schwarzer Filzstift

Arbeitsanleitung:

1. Jedes Kind sucht sich für den Umschlag seines Farbenbuches zwei Blätter Tonkarton aus.
2. Die Blätter mittig am linken Rand lochen und in den Heftstreifen einheften. Umdrehen, sodass der Verschluss unten ist. Bevor neue Blätter eingeheftet werden, das Schlussblatt herausnehmen und dann wieder ans Ende dazuheften. So baut sich das Buch Seite für Seite von vorn nach hinten auf.
3. Auf der ersten Kopie des Farbkreises die erste Farbe (Gelb) ausmalen, den Farbkreis ausschneiden und auf das obere Blatt des Umschlages kleben. Den Namen des Kindes oder sein Zeichen darunterschreiben (evtl. kann das Kind dies schon selbst). Der Umschlag ist fertig.
4. Auf der zweiten Kopie des Farbkreises die erste Farbe (Gelb) ausmalen und das Blatt abheften.
5. Die Kinder überlegen jetzt, welche Dinge typisch für die gelbe Farbe sind. Diese malen sie jeweils einzeln mit gelben Stiften auf das weiße Papier oder zeichnen sie auf gelbes Papier auf, schneiden sie aus und kleben sie dann auf weißes Papier. Fertige Blätter werden abgeheftet. Mit jeder Farbe wird nun so verfahren: Erst die jeweilige Farbe im Farbkreis auf dem Umschlag und dann die Kopie des Farbkreises anmalen und die individuellen Blätter gestalten.

BVK • Sonja Zeletzki: Kita aktiv „Projektmappe Farben“

Kopiervorlage zu „Farbenbuch“

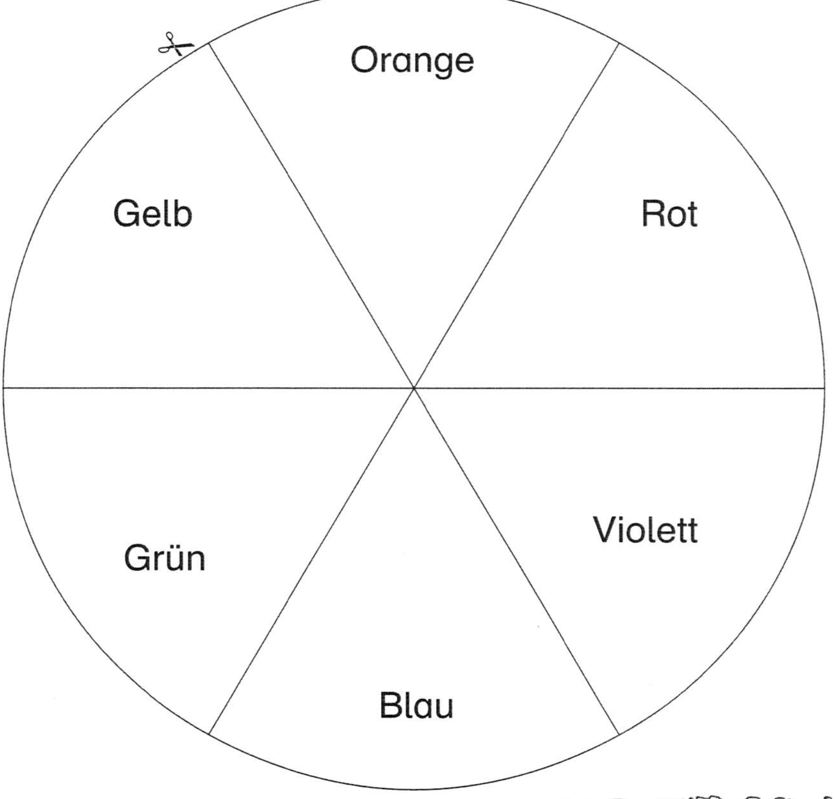

BVK • Sonja Zeletzki: Kita aktiv „Projektmappe Farben“

Regenbogen-Lichter (ab 3 Jahren)

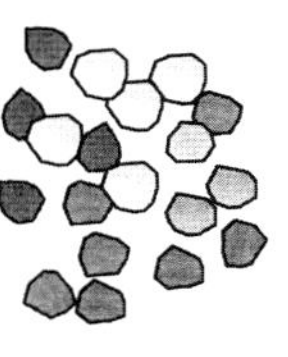

Material:
pro Kind: 1 Einmachglas, je 1 Bogen Transparentpapier (DIN A6) in den Farben Rot, Orange, Gelb, Grün, Blau und Violett, 6 Materialschalen (für jede Farbe Transparentpapier eine), 1 Teelicht
für die Gruppe: Tapetenkleister, Eimer, Schneebesen, Schale

Vorbereitung:
Den Kleister laut Packungsanleitung mit Hilfe des Schneebesens im Eimer anrühren. Den fertigen Kleister in die Schale umgießen.

Arbeitsanleitung:
1. Die Bögen Transparentpapier nacheinander in kleine Stücke reißen und jede Farbe in eine Materialschale legen.
2. Das Einmachglas rundherum mit den Fingern mit Kleister einschmieren.
3. Mit dem violetten Transparentpapier unten rund um das Glas einen lückenfreien Streifen kleben. Dabei die Stücke mit Kleister überstreichen, damit sie glatt anliegen und festkleben.
4. Die anderen Farben in folgender Reihenfolge über die jeweils vorherigen Streifen kleben: Blau, Grün, Gelb, Orange und Rot.

Wenn der Kleister getrocknet ist, wird das Glas mit einem Teelicht bestückt und das Regenbogen-Licht leuchtet.

Bunte Knete herstellen (ab 3 Jahren)

Zutaten:
300 g Mehl, 200 g Salz, 20 g Alaun (in der Apotheke erhältlich), 2 EL Öl, ½ l kochendes Wasser, Lebensmittelfarbe

Arbeitsmittel:
1 Schüssel, Küchenwaage, 1 Esslöffel, Wasserkocher, Handrührgerät mit Knethaken, je Farbe 1 Dose mit luftdichtem Deckel

1. ½ l Wasser im Wasserkocher aufkochen.
2. Währenddessen Mehl, Salz und Alaun in der Schüssel vermischen.
3. Dann das kochende Wasser hinzufügen und alles mit dem Handrührgerät gut durchkneten.
4. Das Öl hinzugeben und mit untermengen.
5. Zum Schluss eine Lebensmittelfarbe unterrühren.
6. Wenn der Teig ein wenig abgekühlt ist, mit den Händen gut durchkneten.

Die kalte Knete in einer luftdichten Dose aufbewahren, damit sie nicht austrocknet.

Tipp:
Die Knete kann noch mit Glitzerpulver verschönert werden.

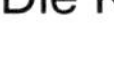

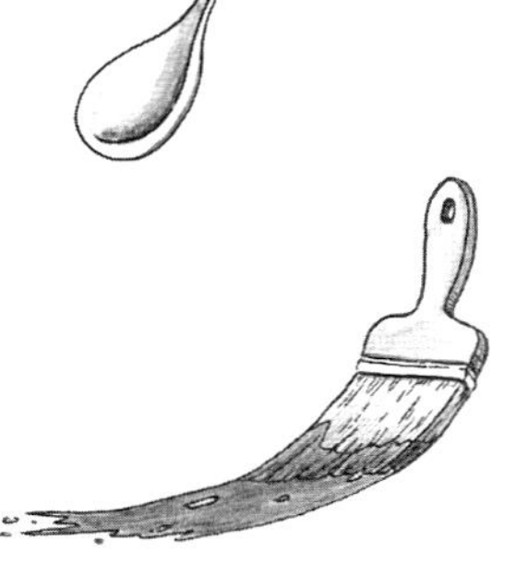

Kleisterbilder (ab 3 Jahren)

Material:
Papier, Tapetenkleister, Eimer, Schraubglas, Schneebesen, Pinsel, Wasserglas, Wasser, Wasserfarben, Gegenstände zum Kratzen (Stöcke oder Kämme), Malkittel, Wachstischdecke

Vorbereitung:
Den Kleister laut Packungsanleitung mit Hilfe des Schneebesens im Eimer anrühren. Den fertigen Kleister in das Schraubglas umgießen. So kann weniger auslaufen, wenn das Glas einmal umkippt.

Arbeitsanleitung:
1. Den Kleister gleichmäßig mit dem Pinsel auf das Blatt Papier auftragen.
2. Die Wasserfarben auf den nassen Kleister auftragen. Möglichst viel Farbe und wenig Wasser verwenden.
3. Mit dem Pinselende, den Fingern, den Stöcken oder Kämmen in das Farben-Kleister-Gemisch kratzen.
4. Das fertige Bild trocknenlassen.

Varianten:
- Nur eine Farbe benutzen und ein Muster einkratzen (Kreise, Wellen, Streifen ...).
- Zwei Primärfarben im Kleister vermischen. So können die Kinder selbst die Sekundärfarben entdecken.
- Mit den Farben im Kleister experimentieren (Farbmischungen, Intensität, Muster ...).

Experimentieren mit Farben (ab 3 Jahren)

Material:
Fingerfarben oder Wasserfarben, Pinsel, Wassergläser, Papier, Malkittel, Wachstischdecke, Wasser

Arbeitsanleitungen:
- Farben mischen:
  1. Die erste Farbe auf das Papier auftragen.
  2. Eine zweite Farbe in die erste mischen und sehen, was entsteht.

- Klatschbilder:
  1. Mit ganz viel Farbe auf das Blatt malen.
  2. Das Blatt in der Mitte zusammenklappen.
  3. Mit der ganzen Hand über das gefaltete Blatt streichen (nicht zur Mitte hin).
  4. Das Blatt wieder öffnen.

- Nass-in-Nass-Technik:
  1. Das ganze Blatt Papier mit Wasser einpinseln.
  2. Mit der Farbe auf das nasse Papier malen.

Tipp:
Verwenden Sie bei der Nass-in-Nass-Technik Malblöcke und lassen Sie die Bilder bis sie getrocknet sind auf den Blöcken, damit das Papier sich nicht einrollen kann.

BVK • Sonja Zeletzki: Kita aktiv „Projektmappe Farben“

Rosarote Brille (ab 4 Jahren)

Material:
Schere, Tonkarton in der gewünschten Farbe, Seidenpapier in Rosa, Kopiervorlagen „Rosarote Brille“ (s. u.), Bleistifte, Kleber, Prickelnadel, Prickelunterlage

Vorbereitung:
Mit Hilfe der Kopiervorlagen Schablonen der Brille(n) und der Gläser erstellen.

Arbeitsanleitung:
1. Mit der Schablone die Brillen auf den Tonkarton aufmalen.
2. Die Brille ausschneiden.
3. Die Löcher zum Durchschauen mit Hilfe der Prickelnadel ausprickeln.
4. Die „Gläser“ mit Hilfe der Schablone auf das Seidenpapier aufmalen.
5. Die „Gläser“ ausschneiden und mit dem Kleber von hinten auf die Brille kleben. Eventuell überstehendes Seidenpapier abschneiden.
6. Die Bügel nach innen knicken.

Varianten:
- Anstelle des Seidenpapiers kann auch nicht klebende Buchschutzfolie benutzt werden.
- Weitere Gläserfarben können ausprobiert werden, zum Beispiel, um die Welt in Himmelblau zu sehen.

Hinweis:
Hier könnte man den Kindern auch die Redensart:
„Die Welt durch eine rosarote Brille sehen“ erklären.

Kopiervorlagen zu „Rosarote Brille“

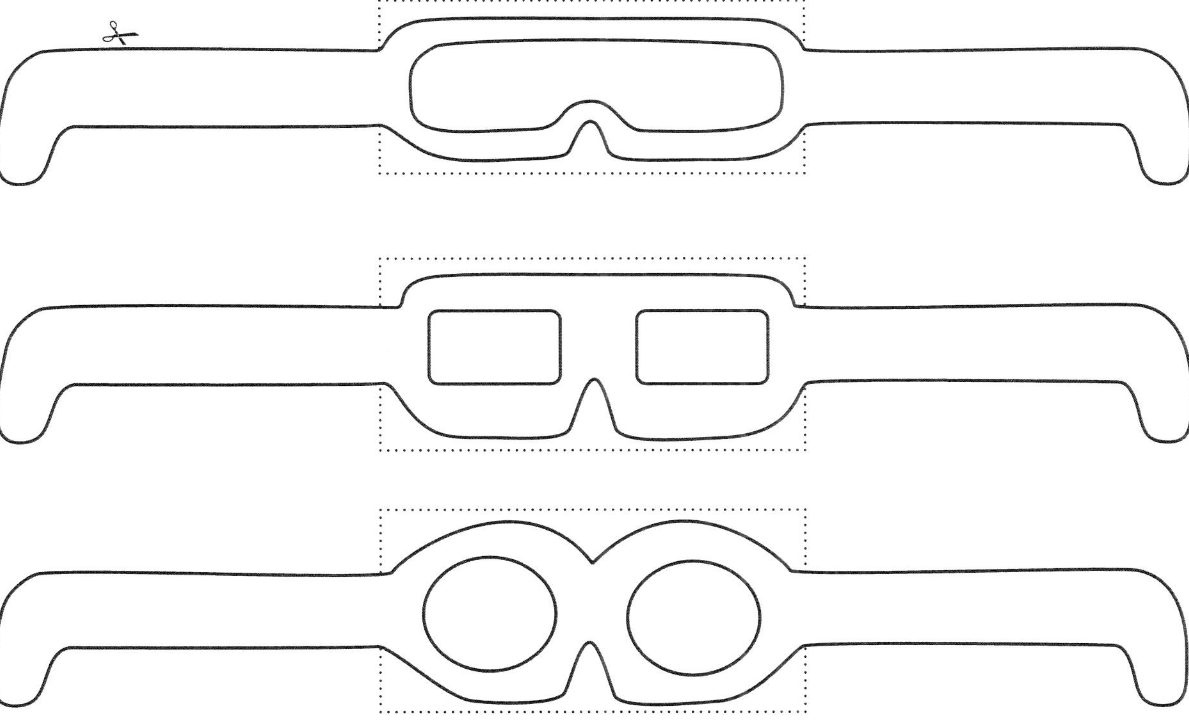

(bitte bei Bedarf auf 140 % hochkopieren)

Wir drucken gemeinsam einen Regenbogen (ab 2 Jahren)

Material:
weißes Bettlaken, Stoffmalfarben oder Fingerfarben in den Farben Rot, Orange, Gelb, Grün, Blau und Violett, pro Farbe eine Schale oder ein Glas und einen Pinsel, schwarzer, wasserfester Filzstift

Arbeitsanleitung:
1. Falten Sie das Laken am unteren Rand zusammen, um die Mitte zu erhalten. Dann falten Sie das Laken wieder auseinander.
2. Schreiben Sie nun mit dem Filzstift „Unser Regenbogen“ in einem schönen, runden Bogen auf das Laken. Beginnen Sie dabei mit dem E und G von REGENBOGEN, die Sie ca. 15 cm oberhalb der gefundenen Mitte platzieren. Ergänzen Sie dann den restlichen Schriftzug.

3. Die Kinder drucken nun mit ihren Händen die einzelnen Farbbögen des Regenbogens über den Schriftzug. Sie beginnen mit Violett. Es folgen Blau, Grün, Gelb, Orange und Rot.

Tipp:
Es sieht besonders schön aus, wenn ein Bogen einheitlich nur aus rechten bzw. linken Handabdrücken besteht.

Malen mit Murmeln (ab 3 Jahren)

Material (für 4 Kinder):
Wasserfarben in den Grundfarben (Gelb, Rot und Blau), 4 Wasserbecher, 4 Pinsel, 4 Schuhkartondeckel (einheitliche Größe), weißes Papier (passend auf die Schuhkartondeckel zugeschnitten), 20 Murmeln (evtl. in verschiedenen Größen), 4 Malkittel, Wachstischdecke, 4 Schwammtücher, 4 Materialschalen, Eimer mit Wasser, Tisch mit 5 Stühlen

Vorbereitung:
Den Tisch mit den Materialien vorbereiten, Schwammtücher anfeuchten und jeweils in eine Materialschale legen. Pro Kind bis zu fünf Murmeln neben die Schwammtücher in die Schalen legen.

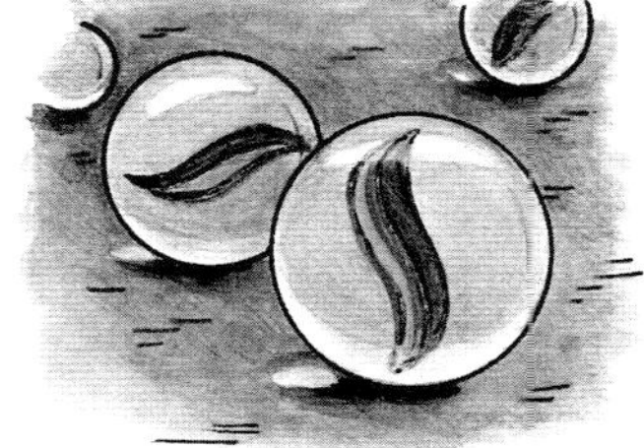

1. Ein Blatt Papier in den Kartondeckel legen.
2. Mit dem Pinsel einen Klecks Wasserfarbe auf das Papier geben.
3. Eine Murmel in den Deckel legen und den Deckel so hin und her bewegen, dass die Murmel durch den Farbklecks rollt und Spuren hinterlässt.
4. Entstehen keine Spuren mehr, die Murmel herausnehmen und mit dem Schwammtuch säubern.
5. Dann beginnt man mit der nächsten Farbe. Dies wiederholt man so lange, bis einem das Bild gefällt.

Varianten:
- Zwei oder mehrere Kleckse auf das Papier machen und dann die Murmel losrollen lassen.
- Mehrere Murmeln gleichzeitig rollenlassen.

Farbschätze sortieren (ab 3 Jahren)

Gehen Sie mit den Kindern auf Farbschatzsuche, zum Beispiel im Gruppenraum, im gesamten Kindergarten oder in der näheren Umgebung des Kindergartens.

Material:
1 – 2 Baumwolltaschen für die gefundenen Farbschätze, Digitalkamera, 1 Schuhkarton für jede Farbe (Gelb, Orange, Rot, Violett, Blau und Grün), farbiges Papier zur Markierung der Schuhkartons

Arbeitsanleitung:

1. Sammeln Sie gemeinsam verschiedene Naturmaterialien vorsichtig in den Baumwolltaschen.
   Von Farbschätzen, die Sie nicht mitnehmen können, machen Sie ein Foto mit der Digitalkamera.
2. Breiten Sie die gefundenen Farbschätze im Stuhlkreis aus und erarbeiten Sie die Namen und Farben der Schätze.
3. Sortieren Sie mit den Kindern die Farbschätze nach ihren Farbfamilien in die Schuhkartons.
4. Nachdem die Fotos ausgedruckt worden sind, können sie ebenfalls erarbeitet, benannt und einsortiert werden.

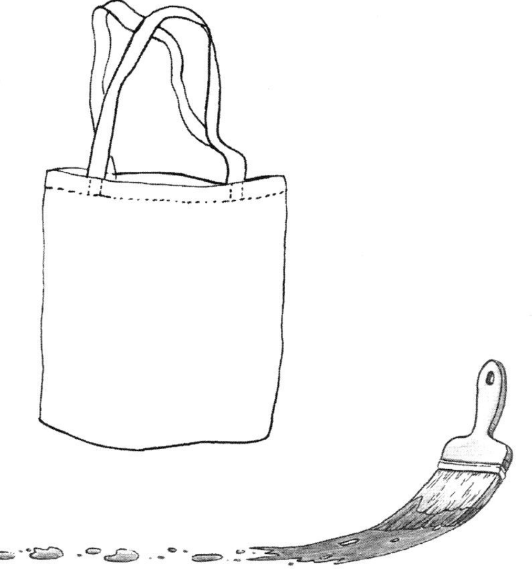

Variante:
Suchen Sie jeweils nur nach einer Farbe.

Farben zerlegen (ab 4 Jahren)

Material:
Kaffeefilter oder helles Löschpapier, 1 kleiner Teller, 1 Glas Wasser, 1 Pipette (z. B. von einer Flasche Nasentropfen), wasserlösliche Filzstifte in Schwarz, 1 Bleistift, 1 Schere

Arbeitsanleitung:

1. Mit Hilfe des Tellers einen Kreis auf den Kaffeefilter / das Löschpapier aufmalen und diesen ausschneiden.
2. In die Mitte mit einem schwarzen Filzstift einen kleinen Kreis malen.
3. Anschließend wird das Papier auf den Teller gelegt und die Kinder tröpfeln mit der Pipette Wasser auf die Mitte des Papiers. Nach jedem Tropfen wird abgewartet und beobachtet, was mit der Farbe passiert.
4. Danach kann das Ganze mit anderen Farben wiederholt werden.

Hinweis:
Das Wasser löst die Farbpartikel, aus denen die jeweilige Farbe besteht, heraus und transportiert sie in den Kaffeefilter / das Löschpapier. Dabei bleiben die einzelnen Farbpartikel an unterschiedlichen Stellen hängen. Die Kinder können erkennen, dass eine Farbe aus mehreren anderen Farben besteht.

Das Licht in seine Farben aufspalten (ab 4 Jahren)

Material:
1 weißes Blatt Papier, 1 Trinkglas, Wasser

Hinweis:
Für diesen Versuch brauchen Sie sonniges Wetter.

Arbeitsanleitung:
1. Legen Sie das Blatt Papier auf einen Tisch, auf den die Sonne scheint.
2. Füllen Sie das Trinkglas zur Hälfte mit Wasser.
3. Halten Sie das Glas mit 7 – 10 cm Abstand über das Blatt Papier direkt in das Sonnenlicht.

Auf dem Papier wird ein Regenbogen sichtbar, der die Farben des Lichts enthält.

Tipp:
Falls die Sonne nicht scheint, funktioniert das Experiment auch mit einer Taschenlampe oder einer Schreibtischlampe.

Regenbogen selbst machen (ab 4 Jahren)

Material:
1 Schreibtischlampe, Taschenlampe oder Sonnenlicht, 1 rechteckige Auflaufform, Wasser, 1 rechteckiger Spiegel, 1 weißes Blatt Papier

Arbeitsanleitung:
1. Füllen Sie die Auflaufform mit Wasser.
2. Stellen Sie den Spiegel an der schmalen Seite schräg in die Auflaufform.
3. Stellen Sie die Lampe so ein, dass der Lichtstrahl auf den Teil des Spiegels fällt, der unter Wasser ist.
4. Fangen Sie mit dem Blatt Papier das reflektierende Licht ein.

Auf dem Papier wird ein Regenbogen sichtbar.

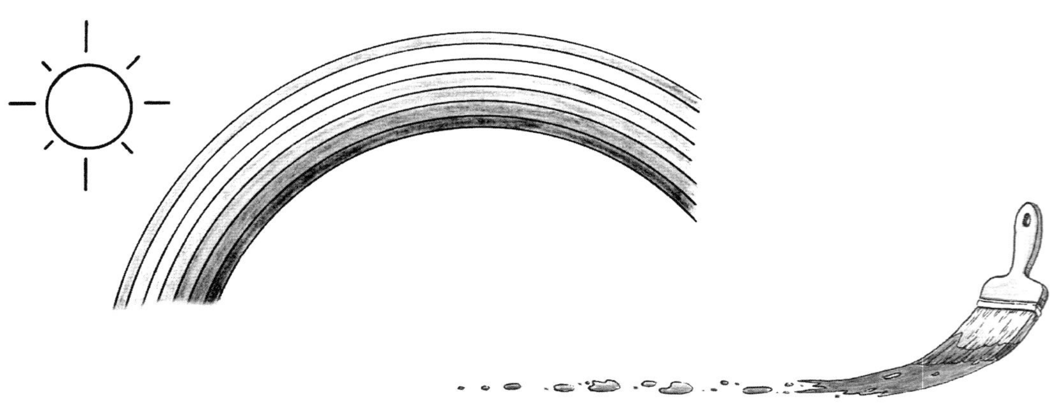

Farbentisch (ab 3 Jahren)

Material:
Tisch, 1 Bildkarte vom Spiel „Bilder-Raten“ (Vorlagen s. S. 8 und 9) auf DIN-A4-Größe hochkopiert, Tischdecke oder Stück Stoff in der Farbe der Bildkarte

Einführung:
Die Bildkarte liegt in der Mitte des Stuhl- oder Sitzkreises. Wenn alle Kinder Zeit hatten, sich das Bild in Ruhe anzuschauen, stellen Sie der Reihe nach folgende Fragen:

- Was ist auf der Karte zu sehen?
- Welche Farbe hat der dargestellte Gegenstand?
- Welche Dinge haben noch diese Farbe?

Nachdem die Kinder viele Sachen genannt haben, erklären Sie ihnen, dass sie sich in der nächsten Zeit mit dieser Farbe beschäftigen wollen. Hierzu werden sie zusammen einen Farbentisch aufstellen, auf dem alle Dinge, die diese Farbe haben, gesammelt und ausgestellt werden. Der Tisch wird natürlich mit der entsprechend farbigen Tischdecke bestückt. Dann erhalten die Kinder die Hausaufgabe, am nächsten Tag etwas in der Farbe mitzubringen. Die mitgebrachten Gegenstände werden dann im Morgenkreis vorgestellt und auf dem Farbentisch ausgestellt.

Tipps:
Falls ein Kind seinen Gegenstand vergessen hat, kann es dies am folgenden Tag nachholen oder aus einer anderen Gruppe einen entsprechend farbigen Gegenstand ausleihen.
Bevor der Farbentisch für eine neue Farbe eingedeckt wird, am besten ein Foto machen.
Dieses kann ausgedruckt und zum Anschauen aufgehängt werden.

Farbentage (ab 2 Jahren)

Einführung:
Stellen Sie den Kindern ein Rätsel. Die Kinder sollen einen Gegenstand erraten, der die entsprechende Farbe für den Farbentag hat. Hierbei benennen Sie die Eigenschaften (Merkmale, Klassifizierungen, Möglichkeiten der Nutzung ...) des Gegenstandes, indem Sie wie folgt beginnen: „Ich kenne was, das ihr auch kennt, und das ist ...“ Haben die Kinder den Gegenstand erraten, fragen Sie die Kinder nach seiner Farbe. Nun erklären Sie, dass sich alle am nächsten Tag ein Kleidungsstück in der entsprechenden Farbe anziehen sollen, sodass alle passend zum Farbentag gekleidet sind.

Tipps:

- Für Kinder, die nichts in der Farbe haben oder damit alle Kinder sich ganz in der entsprechenden Farbe kleiden können, kann man eine Verkleidungskiste zusammenstellen, inkl. Accessoires.
- Im Morgenkreis oder Stuhlkreis kann man eine Modenschau veranstalten. Die Tische können hierzu zu einem Laufsteg zusammengestellt werden. Sie haben dann die Aufgabe, die Show entsprechend zu moderieren.

Regenbogen-Kuchen (ab 3 Jahren)

Zutaten:
250 g Butter oder Margarine, 1 Päckchen Vanillezucker, 250 g Zucker, 4 Eier, 500 g Mehl, 1 Tütchen Backpulver, $^1/_8$ l Milch, Lebensmittelfarben in Pulverform in Rot, Orange, Gelb, Grün, Blau und Violett

Arbeitsmittel:
Küchenwaage, 2 Rührschüsseln, Küchenmesser, Handrührgerät, Teigschaber, 26er-Springform mit Napfkucheneinsatz oder eine Gugelhupfform, Backofen, Backpinsel, Backrost, Geschirrtücher

1. Die Butter bzw. Margarine in eine Rührschüssel geben und mit dem Handrührgerät schaumig rühren.

2. Den Vanillezucker und den Zucker hinzufügen und so lange verrühren, bis sich der Zucker aufgelöst hat. Dadurch wird der Kuchen schön locker.

3. Als Nächstes die Eier hinzugeben und verrühren.

4. Das Mehl mit dem Backpulver mischen und abwechselnd mit der Milch unterrühren.

5. Die Springform mit dem Backpinsel einfetten.

6. 225 g Teig in die zweite Rührschüssel füllen und mit roter Lebensmittelfarbe vermischen. Dann den gefärbten Teig mit dem Teigschaber in die Springform streichen.

7. Bevor die nächste Farbe gemischt wird, müssen die Rührschüssel, die Rührhaken und der Teigschaber gespült werden.

8. Schritt 6 und 7 für alle Farben wiederholen. Hierbei die Farben in folgender Reihenfolge mischen: Orange, Gelb, Grün, Blau und Violett.

9. Die gefüllte Springform bei 200 °C ca. 75 Minuten backen.

Den fertigen Kuchen kurz abkühlen lassen und dann stürzen. Natürlich kann dieser Kuchen auch äußerlich verziert werden. Spannender ist es aber, wenn er unscheinbar bleibt und erst beim Anschneiden sein „buntes Geheimnis“ preisgibt.

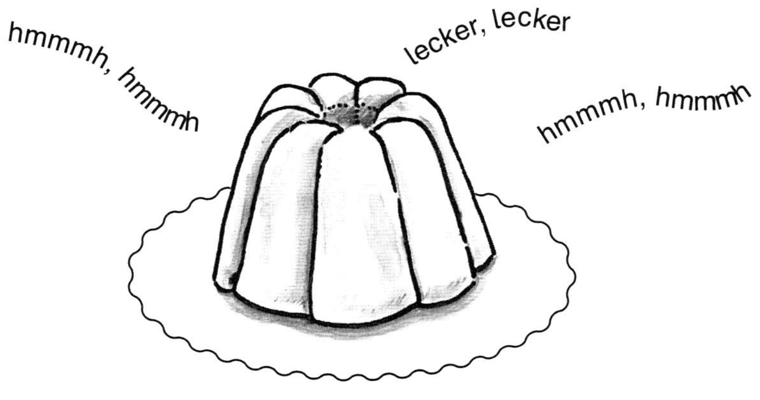

Tipp:
Butter bzw. Margarine sollte weich (allerdings nicht geschmolzen) sein, damit beim Rühren noch Luft in den Teig gerät.

Obstkuchen (ab 3 Jahren)

Zutaten:

Boden:

Butter und Paniermehl für die Form, 100 g weiche Butter oder Margarine, 100 g Zucker, 1 Prise Salz, 2 Tütchen Vanillezucker, 3 Eier, 125 g Mehl, 2 gestrichene Teelöffel Backpulver, 3 – 4 Esslöffel Milch

Belag:

Je nach Geschmack und Farbe verschiedenes Obst, insgesamt ca. 700 g (Gelb: Bananen, Ananas, Birnen, Honigmelone; Orange: Mandarinen, Pfirsiche, Nektarinen, Aprikosen; Rot: Erdbeeren, Kirschen, Himbeeren, Johannisbeeren; Blau / Violett: Trauben, Heidelbeeren, Pflaumen, Johannisbeeren; Grün: Trauben, Kiwis), 1 Tütchen klarer Tortenguss, Wasser

Arbeitsmittel:

Küchenwaage, Rührschüssel, Handrührgerät, Teigschaber, Tortenbodenbackform (28 cm Durchmesser), Backofen, Backpinsel, Backrost, Spülbecken, Küchenmesser, Brettchen, je eine Schüssel für das geschnittene Obst, Topf, Messbecher, Esslöffel, Teelöffel

1. Die Butter bzw. Margarine in eine Rührschüssel geben und mit dem Handrührgerät schaumig rühren.
2. Den Vanillezucker, den Zucker und das Salz hinzufügen und so lange verrühren, bis der Zucker sich aufgelöst hat. Dadurch wird der Kuchen schön locker.
3. Als Nächstes die Eier hinzugeben und verrühren.
4. Das Mehl mit dem Backpulver mischen und abwechselnd mit der Milch unterrühren.
5. Die Tortenbodenform mit dem Backpinsel gut einfetten und mit Paniermehl ausstreuen.
6. Den Teig mit dem Teigschaber in die Form streichen.
7. Im vorgeheizten Backofen bei 175 °C ca. 20 – 25 Minuten backen.

8. Den fertigen Boden ca. 10 Minuten abkühlen lassen, dann stürzen und ganz auskühlen lassen.
9. In der Zwischenzeit das Obst waschen und klein schneiden.
10. Den ausgekühlten Boden mit dem Obst belegen.
11. Den Tortenguss nach Anleitung zubereiten und auf dem Obst verteilen.

Den fertigen Obstkuchen eine Stunde kaltstellen.

Varianten:

- Jeweils nur Obst in einer Farbe verwenden, passend zum Farbentag.
- Einen bunten Obstkuchen gestalten. Das Obst kann dafür in Spalten geschnitten und in Kreisen oder durcheinander angeordnet werden.
- Wenn man den Boden in entsprechender Reihenfolge belegt (von außen nach innen: Rot, Orange, Gelb, Grün, Blau, Violett) und anschließend halbiert, kann man zwei Regenbögen herstellen.

Farben-Frühstück (ab 3 Jahren)

Passend zu den Farbentagen kann man ein Farben-Frühstück gestalten. Je nach aktueller Farbe werden zum Frühstück entsprechend farbige Lebensmittel angeboten. Damit das Frühstück noch ausgewogen bleibt, werden diese Lebensmittel nur zusätzlich angeboten.
Gemeinsam mit den Kindern wird überlegt, welche Lebensmittel die entsprechende Farbe haben. Die Lebensmittel auf der Liste werden dann gemeinsam eingekauft oder auf die Kinder zum Mitbringen verteilt.

Einige Vorschläge für mögliche Lebensmittel:
Gelb: Zitronen, Bananen, Honigmelone, Birnen, Ananas, Paprika, Kartoffeln, Mais, Honig, Eigelb, Käse, Butter, Wackelpudding, Vanillepudding, Bananensaft, Ananassaft

Orange: Orangen, Mandarinen, Pfirsiche, Nektarinen, Aprikosen, Mirabellen, Mangos, Paprika, Möhren, Marmelade, Orangensaft

Rot: Kirschen, verschiedene Beeren, Äpfel, Wassermelone, Paprika, Tomaten, Radieschen, Rote Bete, Marmelade, Wackelpudding, Salami, Paprika-Frischkäse, Kirschsaft

Blau / Violett: Heidelbeeren, Pflaumen, Johannisbeeren, Trauben, Auberginen, Brombeeren

Grün: Äpfel, Birnen, Trauben, Kiwis, Stachelbeeren, Gurken, Paprika, Kohlrabi, Erbsen, Salat, Kresse, Schnittlauch, Petersilie, Zitronenmelisse, Wackelpudding, Kräuter-Frischkäse

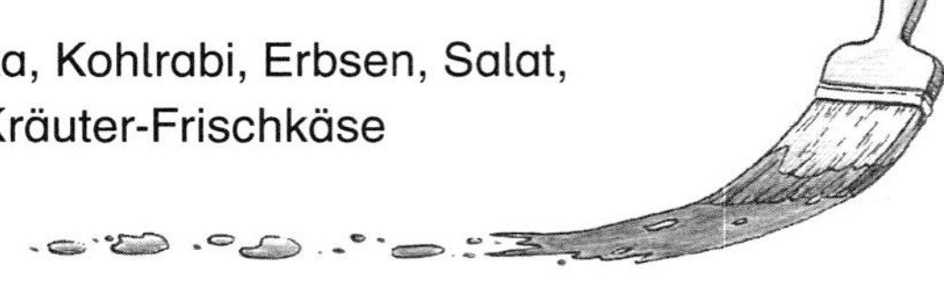

Farben schmecken (ab 3 Jahren)

Zutaten:
zum Beispiel Erdbeeren, Kirschen, Tomaten, Orangen, Möhren, Bananen, Zitronen, Birnen, Äpfel, Kiwis, Salatgurke, Pflaumen (alle Kinder müssen alles probieren können)

Arbeitsmittel:
Spülbecken, Küchenmesser, Brettchen, 1 Schale pro Obst- bzw. Gemüsesorte, Zahnstocher, Tisch

Vorbereitung:
Obst und Gemüse im Spülbecken waschen und gegebenenfalls schälen bzw. entkernen.
Alles in mundgerechte Stücke schneiden und in Schalen füllen. Die gefüllten Schalen und die Zahnstocher auf einen Tisch in der Mitte des Stuhlkreises stellen.

Spielregeln:
Die Kinder suchen sich einen Partner. Von jedem Paar setzt sich ein Kind in den Stuhlkreis und schließt seine Augen. Das andere Kind nimmt mit einem Zahnstocher ein Stück Obst oder Gemüse und steckt es seinem Partner vorsichtig in den Mund. Nun muss das Kind erraten, was es gerade isst, und welche Farbe es hat. Das andere Kind kann gegebenenfalls Hinweise geben. Wenn alle Sorten probiert wurden, tauschen die Kinder ihre Rollen.

BVK • Sonja Zeletzki: Kita aktiv „Projektmappe Farben“

Bilder-Kopiervorlage von Zutaten und Haushaltsgegenständen

Regenbogen-Kuchen:

Obstkuchen:

Farben schmecken:

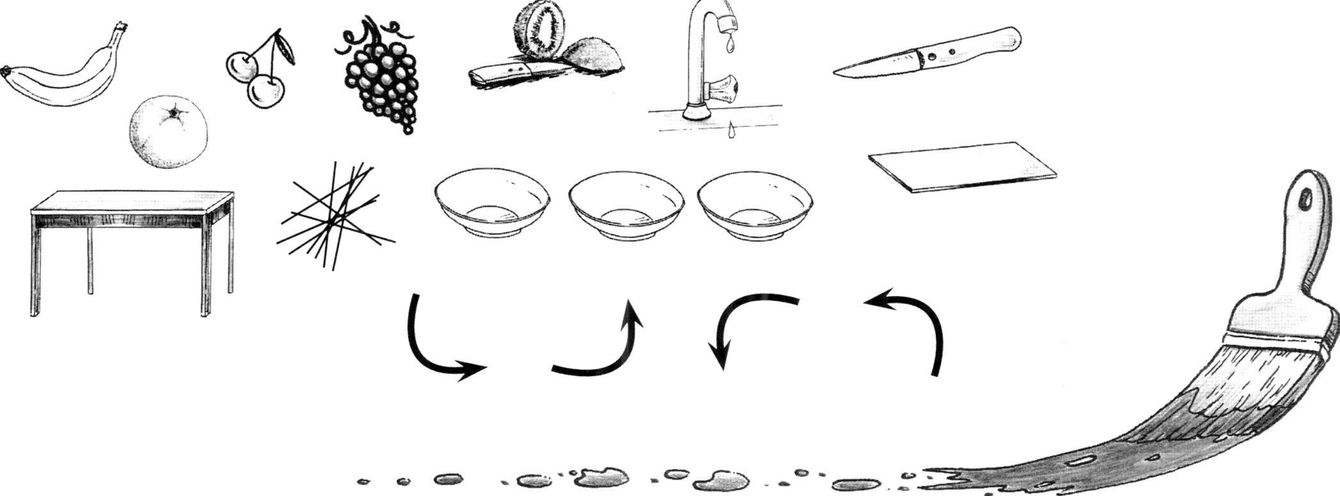

Farben suchen (ab 4 Jahren)

Materialien:
Bildkarten (Vorlagen s. S. 8 und 9)

Hinweis:
Die Kinder müssen die Mengen von 1 – 10 beherrschen.

Spielregeln:
Die Kinder sitzen am Tisch oder auf einem Teppich im Kreis. Die Bildkarten liegen verdeckt in der Mitte auf einem Stapel. Der erste Spieler zieht eine Karte und legt sie so in die Mitte, dass alle Mitspieler sie sehen können (z. B. die Zitrone). Dann zeigt er mit seinen Fingern eine beliebige Zahl (z. B. Fünf).
Jeder Mitspieler muss jetzt so schnell wie möglich fünf verschiedene, gelbe Dinge besorgen. Wer dies als Erstes schafft, ruft laut „Stopp“. Dann benennt er seine „Schätze“. Nun bringen alle Spieler ihre Gegenstände zurück. Der Sieger dieser Runde erhält die Bildkarte und darf für die nächste Runde eine neue aufdecken. Das Spiel endet, wenn alle Bildkarten erspielt wurden.
Sieger ist, wer die meisten Bildkarten gewonnen hat.

Varianten:
- Bei jüngeren Kindern den Zahlenbereich verkleinern.
- Die Kinder können in Mannschaften spielen.
- Bei älteren Kindern kann die Menge als Rechenaufgabe gestellt werden.

Paketspiel (ab 4 Jahren)

Material:
1 Schuhkarton, 10 Pappkarten in DIN A6 (für Zahlenkarten von 1 – 10, inkl. entsprechendem Punktebild),
1 schwarzer Filzstift, Lineal, Farbkarten (DIN A6) in Gelb, Rot, Blau (evtl. weitere Farben)

Vorbereitung:
Die Pappstücke quer in der Mitte durch eine Linie unterteilen.
In die obere Hälfte jeweils eine Ziffer von 1 – 10 schreiben,
in die untere Hälfte das entsprechende Punktebild aufmalen.

Spielregeln:
Der Schuhkarton ist das Paket. Dieser und alle zehn Zahlenkarten liegen auf einem Tisch bereit.
Ein Kind ist der Postbote, ein anderes Kind ist der Empfänger des Pakets.
Der Empfänger nennt dem Postboten die gewünschte Lieferung. Anzahl, Farbe und Gegenstand bestimmt das Kind selbst, zum Beispiel: „Ich hätte gern ein Paket mit fünf roten Klötzen.“ (Es müssen Dinge sein, die in den Karton passen und in der eigenen Gruppe vorhanden sind.)
Nun muss der Postbote die entsprechende Zahlen- und Farbkarte in den Schuhkarton legen und dann die richtige Anzahl des Gegenstandes. Zur Eigenkontrolle legt das Kind die Gegenstände passend zum Punktebild auf den Tisch. Wenn das Bild mit dem auf der Zahlenkarte übereinstimmt, räumt der Postbote die Gegenstände in das Paket und liefert es aus.
Der Empfänger kontrolliert seine Lieferung. Stimmt sie, wechseln die Rollen, stimmt sie nicht, muss der Postbote die Lieferung überarbeiten.

BVK • Sonja Zeletzki: Kita aktiv „Projektmappe Farben“

Zähle die Dinge einer Farbe! (ab 4 Jahren)

Aufgaben:

1. Schaue dir die Dinge auf dem Blatt genau an!
2. Zähle alle Gegenstände mit der gleichen Farbe!
   Male die dazugehörigen Würfel in dieser Farbe aus.

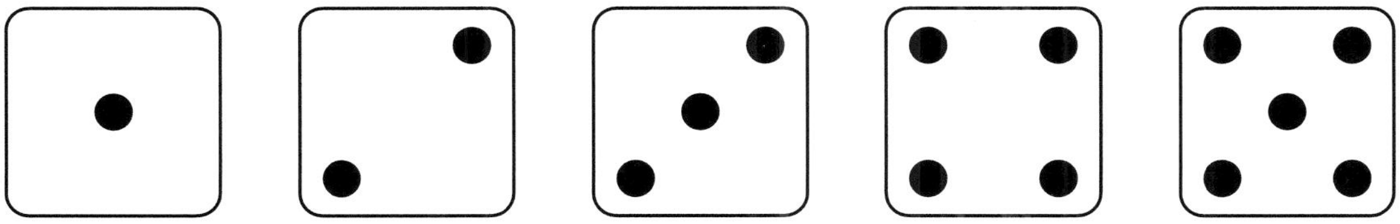

Sortiere der Größe nach! (ab 4 Jahren)

1. Schaue dir die Dinge auf dem Blatt genau an!
   Male sie an. Welches ist in Wirklichkeit das Kleinste und welches das Größte?
2. Male die Zahlen entsprechend der Farben der Dinge an.
   Sortiere sie der Größe nach, die Zahl 1 bezeichnet das kleinste und die Zahl 5 das größte Ding!

1	2	3	4	5

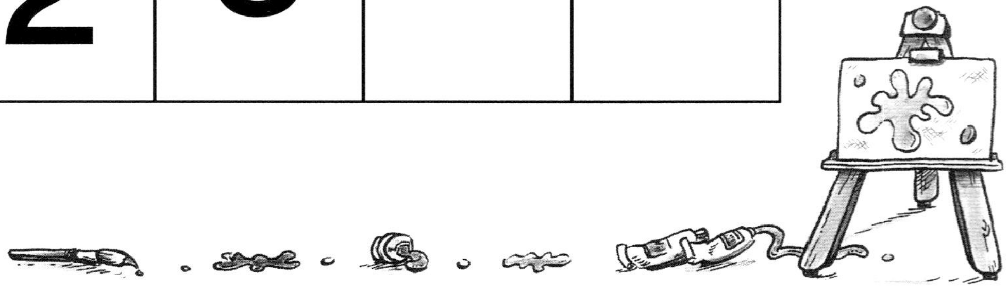

BVK • Sonja Zeletzki: Kita aktiv „Projektmappe Farben“

Regenbogenfarben zählen (ab 4 Jahren)

Aufgaben:

1. Male den Regenbogen in den richtigen Farben und in der richtigen Reihenfolge der Farben aus.
2. Schaue dir die Zahlen auf den Streifen des Regenbogens genau an. Jeder Bogen ist mit einem Viereck verbunden.
   Zeichne verschiedene Gegenstände in das Viereck. Achte dabei auf die Zahl und die Farbe des Bogens.

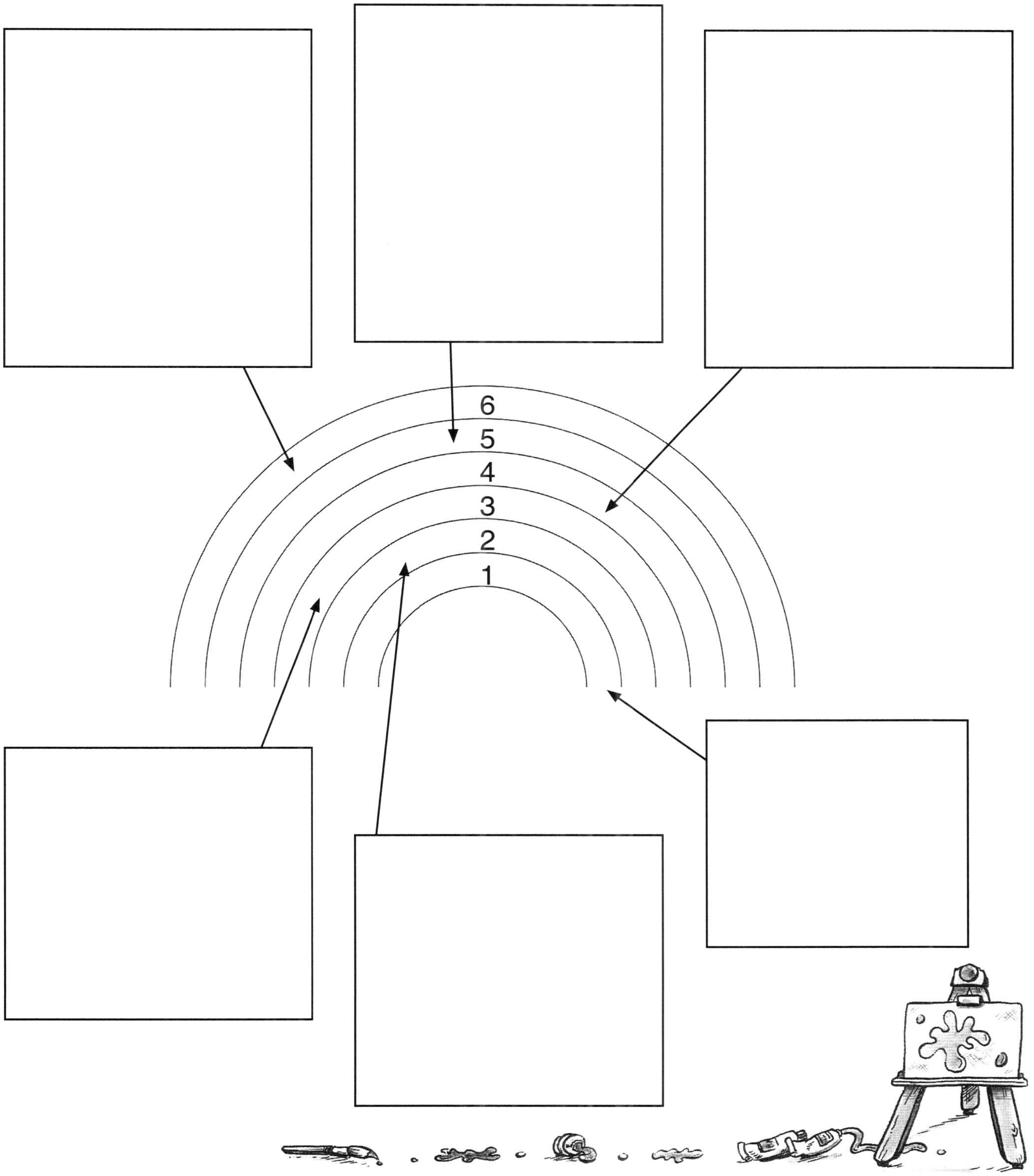

6
5
4
3
2
1

Farbenfest der Sinne (1)

Einladungskarte

Material:
weißes Papier, Kopiervorlage (s. u.), Buntstifte

Vorbereitung:
Ergänzen Sie die fehlenden Angaben auf einer Kopie der Einladung. Diese kopieren Sie dann für jedes Kind auf ein weißes Blatt Papier. Lassen Sie die Kinder den Rahmen ihrer Einladung mit Buntstiften selbst anmalen.

Erleben Sie die bunte Welt der Farben mit allen Sinnen

Am ______________________________

von ______________ Uhr bis ______________

im ______________________________

erwarten wir Sie und Ihre Familie
zu einem gemeinsamen Fest.

Ihr KITA-TEAM

Sinnes-Stationen

Material:
weißes oder buntes Papier

Vorbereitung:
Fertigen Sie für jede Station ein Schild im DIN-A4-Format an und hängen Sie die Schilder bei den Stationen auf. Folgende Abbildungen benötigen Sie: Ohr, Auge, Hand, Nase und Mund (s. Vorlagen S. 32).

Sehen
Hier können Sie sich eins der folgenden Angebote für die Station aussuchen:
- Bastelangebot „Rosarote Brille“ (s. S. 17)
- Spielangebot „Farben-Domino“ (s. S. 6, entweder mehrere Spiele vorbereiten oder ein vergrößertes Spiel)
- Spielangebot „Kunterbunt-Spiel“ (s. S. 10, entweder mehrere Spiele vorbereiten oder ein vergrößertes Spiel)

Farbenfest der Sinne (2)

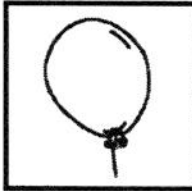

Riechen und Schmecken

Spielangebot „Farben schmecken“ (s. S. 24)

Hören

Spiel „Bilder-Raten“ (s. S. 6)

Tasten

Auch hier können Sie zwischen verschiedenen Angeboten wählen:

- Bastelangebot „Glitzerknete herstellen“ (In der Vorbereitung bunte Knete herstellen, Anleitung s. S. 15; als zusätzliches Material benötigen Sie noch kleine Plastiktüten zum Transport der Knete und Glitzerpulver, das von den Kindern bei der Station eingeknetet wird.)
- Erlebnis in den „Farbduschen“ (s. S. 33): Fühlt man den Unterschied zwischen kalten und warmen Farben?
- Bastelangebot „Wir drucken gemeinsam einen Regenbogen“ (s. S. 18)

Stationenkarten

Material:

weißer oder bunter Fotokarton, Schere oder Schneidemaschine, Kopiervorlage Stationenkarte (s. S. 32), Locher, Kordel oder Wolle, Stempel oder bunte Klebepunkte zum späteren Markieren

Arbeitsanleitung:

1. Stationenkarten auf weißen oder bunten Fotokarton kopieren.
2. Die einzelnen Streifen mit der Schere oder mit der Schneidemaschine zurechtschneiden.
3. Stationenkarten oben einmal lochen.
4. Durch das Loch jeweils ein 50 cm langes Stück Kordel oder Wolle durchfädeln und zuknoten.

Hinweis:

Jedes Kind erhält eine Stationenkarte, die an der Kasse oder im Bistro (s. u.) ausgeteilt wird. Nach jeder Station wird das entsprechende Feld gestempelt oder mit einem Klebepunkt versehen. Wer eine volle Karte hat, kann sich eine Urkunde abholen (ebenfalls an der Kasse oder im Bistro).

Bistro

Bieten Sie ein buntes Büfett an, zum Beispiel aus

- Obstsalat
- Obstplatten (nach Farben sortiert oder als Bild angeordnet)
- Gemüseplatten (nach Farben sortiert oder im Regenbogen angeordnet, dazu evtl. ein Kräuterquark, eingefärbt mit Lebensmittelfarben)
- Regenbogen-Kuchen (s. S. 22)
- Obstkuchen (s. S. 23)

Farbenfest der Sinne (3), Kopiervorlage „Stationenkarte“

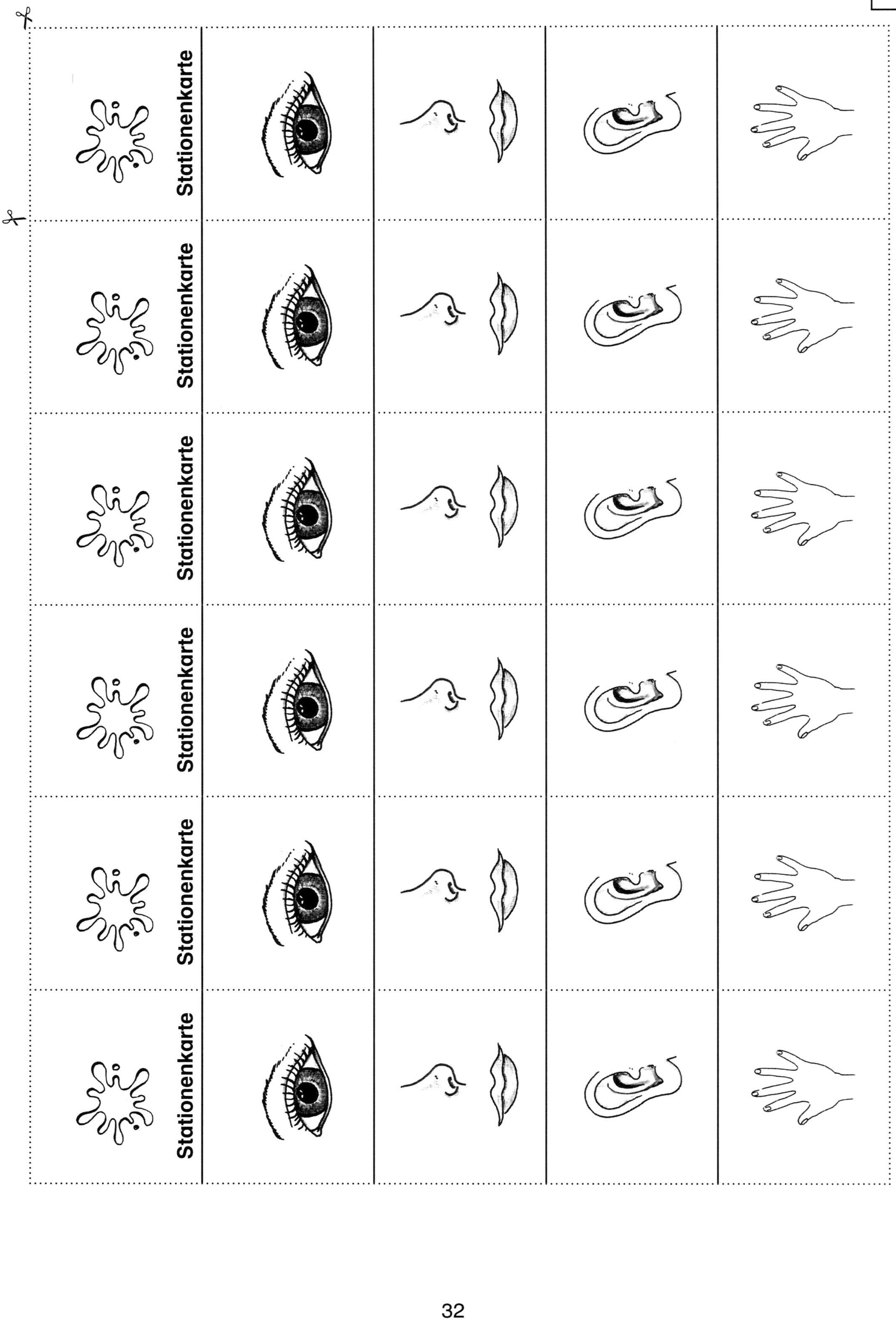

Stationenkarte

Stationenkarte

Stationenkarte

Stationenkarte

Stationenkarte

Stationenkarte

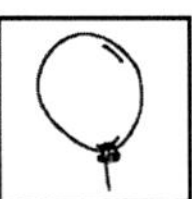

Farbduschen (ab 3 Jahren)

Material:
1 Rolle Paketschnur, Schere, Kleber
pro Farbdusche: dicker, fester Karton (ca. 100 x 80 cm), 3 Krepppapierrollen (2,5 x 0,5 m) in verschiedenen Farbtönen

Arbeitsanleitung:
1. Zeichnen Sie einen Rahmen von ca. 4 cm Breite auf den Karton. Stechen Sie innerhalb des Rahmens mit der Schere Löcher in einem Abstand von ca. 3 cm hinein.
2. Schneiden Sie die Krepppapierrollen in 2,5 cm breite Streifen. Die entstandenen Stücke werden abgerollt und der Länge nach halbiert. Fädeln Sie diese einzelnen Streifen durch die Löcher und kleben Sie sie fest.
3. Befestigen Sie nun an den vier Ecken jeweils ein 2 m langes Stück Paketschnur zum Aufhängen.

Tipp:
Anstelle von Krepppapier kann man auch Stoff in Streifen schneiden bzw. reißen.

Spielmöglichkeiten:
1. Die fertigen Farbduschen werden so aufgehängt, dass die Kinder durchlaufen und die Farbstreifen spüren können (ca. 30 cm Abstand der Streifen zum Boden, damit keiner drauftreten kann und hinfällt).
2. Die Kinder gehen nun nacheinander langsam durch die Farbduschen. Sie sollen genau erspüren, ob es sich bei den unterschiedlichen Farben anders anfühlt, wenn man darin „duscht“. Gibt es Farben, die sich warm oder kalt anfühlen? Vielleicht entdecken die Kinder ein unterschiedliches Empfinden der kalten und warmen Farben und können diese Bezeichnungen so besser begreifen. Voraussetzung ist aber, dass ihnen vorher kein Hinweis gegeben wird!

Hinweis:
Ist das Farbempfinden zu schwierig, können die Kinder auch einfach berichten, welche Farbdusche ihnen am besten gefallen hat und evtl. erklären, warum.

Urkunde
hat beim Farbenfest der Sinne
am: ____________ im: ______________________
alle Aufgaben erfolgreich gelöst und darf sich nun
Farbexpertin / Farbexperte nennen!
Herzlichen Glückwunsch!
© BVK

Schau genau! (ab 4 Jahren)

Aufgaben:

1. Male die Oberteile der Kinder in der richtigen Farbe an. Das Bild auf den Oberteilen hilft dir.
2. Fahre mit einem Stift die Schnur von einem Kind zu seinem Luftballon nach. Beginne bei dem Kind mit der Zahl 1.
3. Male den Luftballon in der Farbe des Oberteils an.

1 2 3 4

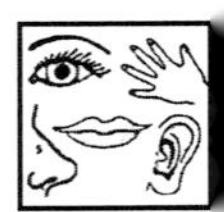

Was hat die gleiche Farbe? (ab 4 Jahren)

Aufgaben:

1. Finde die Dinge, die die gleiche Farbe haben und verbinde sie.
2. Male sie mit der richtigen Farbe an.

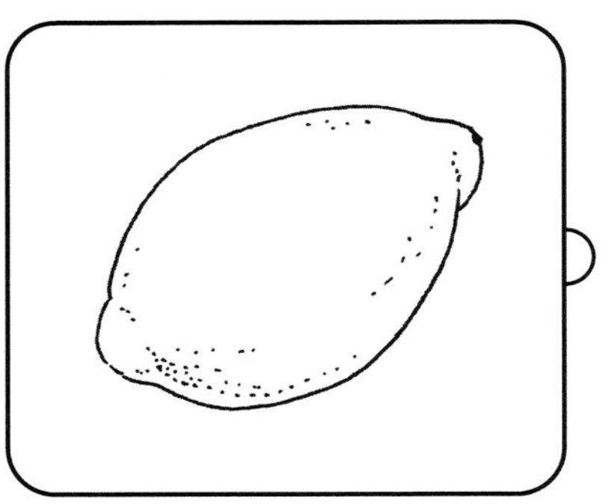

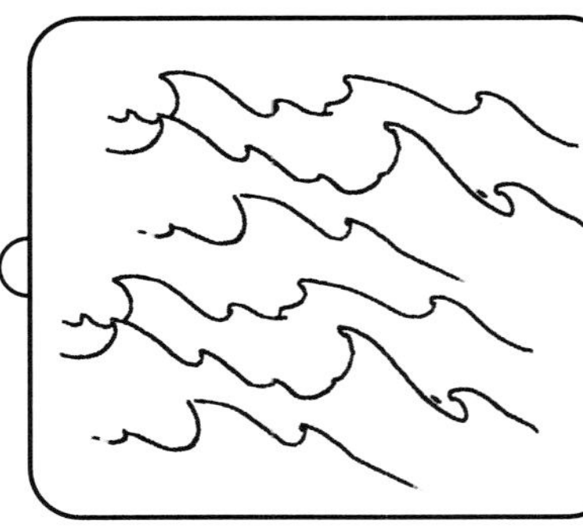

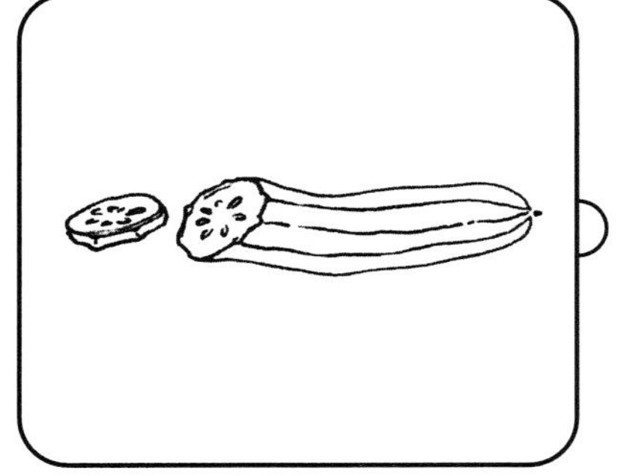

Perlenketten (ab 4 Jahren)

Aufgabe:

Welche Farbe haben diese Dinge?

Male die Perlenketten in den richtigen Farben an.

Achte auf die Reihenfolge.

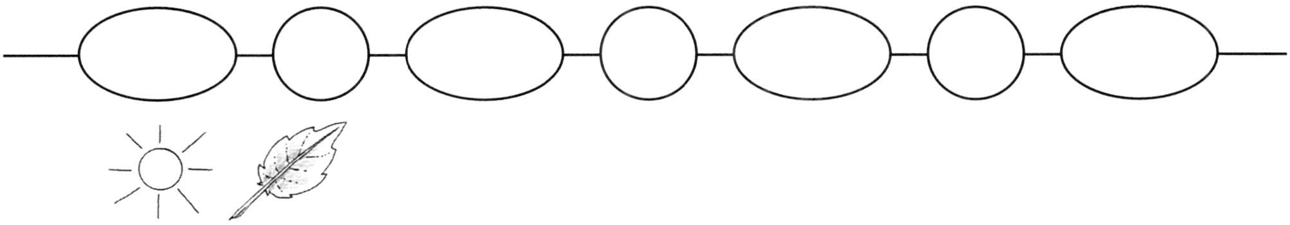

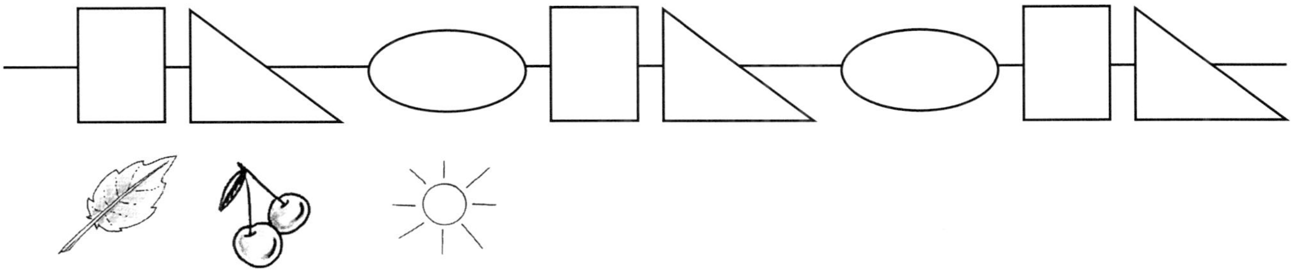

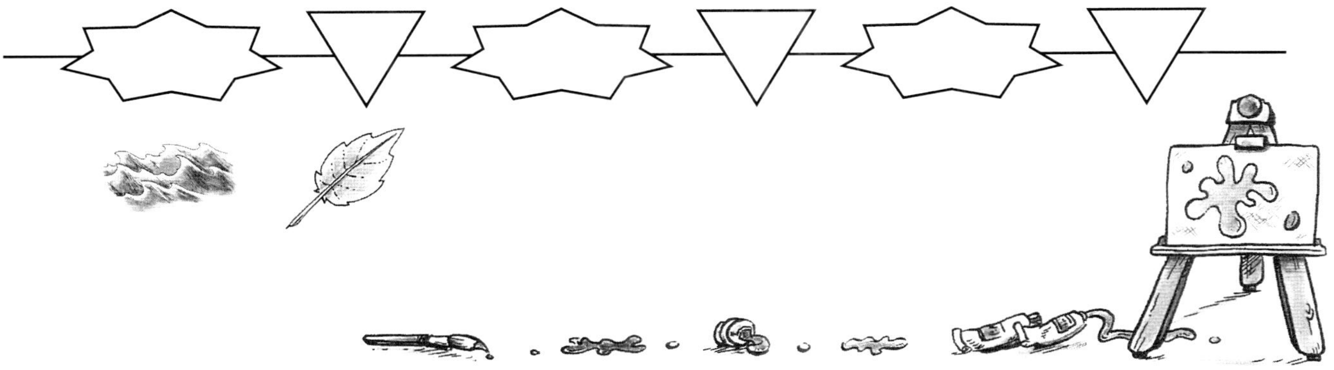

Welche Farbe hat es? (ab 4 Jahren)

Aufgabe:

Welche Farbe haben diese Dinge?

Male sie mit der richtigen Farbe aus.

Mische die Farben! (ab 4 Jahren)

Aufgaben:

1. Welche Farbe haben diese Dinge? Male sie mit der richtigen Farbe aus.
2. Welche beiden Farben von der linken Seite ergeben vermischt die Farbe der Dinge auf der rechten Seite? Verbinde sie miteinander!

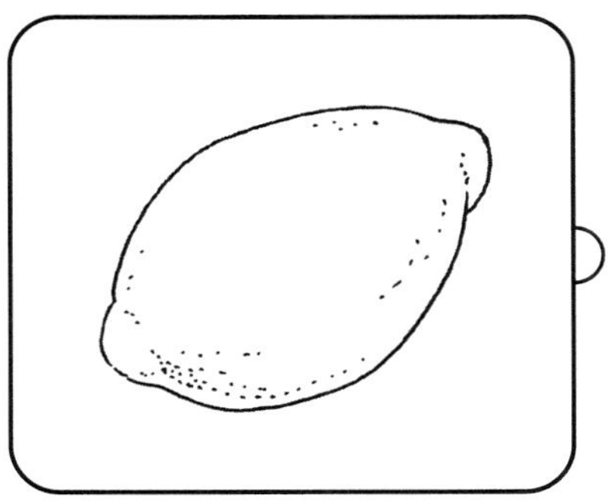

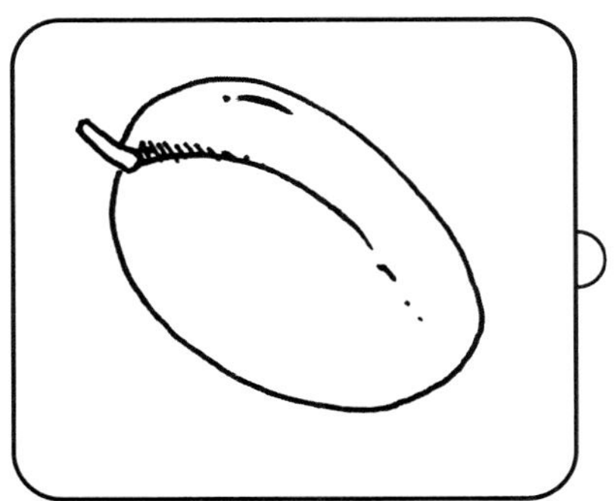

Rückenmassage „Maltag“ (ab 4 Jahren)

Material:
Bodenmatte oder Decke als Unterlage pro Paar, kleines Kissen pro Paar, CD-Player, Entspannungsmusik

Hinweis:
Generell sind Rückenmassagen mit einem gesprochenen Text, die an einem Partner durchgeführt werden, erst für Kinder ab 4 Jahren geeignet. Jüngere Kinder sind mit langen Texten und unbekannten Techniken noch überfordert. Zudem müssen die Kinder darauf hingewiesen werden, dass sie nicht auf der Wirbelsäule massieren dürfen.

Vorbereitung:
Auslegen der Bodenmatten oder Decken pro Paar in einem ruhigen und gut gelüfteten Raum. Sie als Erzieherin müssen für die Gruppe gut sichtbar sein. Die kleinen Kissen auf die Matten oder Decken verteilen. CD-Player anschließen und Entspannungsmusik anstellen.

Einführung:
Vorab wird die „STOPP- Regel“ erklärt: Jederzeit kann das Kind, das massiert wird, „STOPP“ sagen. So kann es die Massage beenden, wenn sie ihm zu lange dauert oder zu unangenehm ist. Es kann dann auch mit dem Partner besprechen, was gerade stört. Die für die Geschichte erforderlichen Massagetechniken werden benannt und ausprobiert. Dabei die Entspannungsmusik schon laufenlassen.

Vorlesetext:
Heute treffen wir uns hier zu einer Malstunde. Das Malblatt liegt vor euch, es ist der Rücken eures Partners. Euer Zeigefinger ist der Malstift. Damit ihr auch gut malen könnt, streicht ihr erst einmal das Malblatt glatt.
(Mit der flachen Hand von der Mitte nach außen streichen.)
Nun könnt ihr anfangen. Heute malt ihr euch selbst, ihr beginnt oben auf dem Blatt. Als Erstes malt ihr euren runden Kopf. ***(Mit dem Finger einen Kreis malen.)***
Dann malt ihr euer Gesicht. Angefangen mit den Augen ***(zwei Augen malen),*** dann folgt die Nase ***(eine Nase malen)*** und zum Schluss kommt der Mund ***(einen Mund malen).***
Auf dem Kopf fehlen noch die Haare. ***(Lange oder kurze Striche malen, je nach Haarlänge.)***
Nun wandern wir den Körper weiter hinunter. Es folgt der Hals ***(zwei parallele Striche malen)*** und an den setzt ihr einen dicken Bauch ***(einen großen Kreis malen).***
Daran schließt ihr die Arme an. ***(An jeder Seite einen langen Strich malen.)*** An den Enden der Arme kommen die Hände mit den fünf Fingern. ***(Einen kleinen Kreis malen mit fünf Strichen daran.)***
Dann malt ihr noch eure Beine ***(zwei lange Striche nach unten***) mit euren Füßen ***(zwei Striche zur Seite).***
Jetzt ist euer Körper komplett. Nachdem ihr euer Bild von oben bis unten versiegelt habt ***(mit den flachen Händen von oben nach unten streichen),*** signiert ihr euer Kunstwerk noch ***(mit beiden Händen an einer Seite drücken).***

Varianten:
- Man fragt die Kinder, was man als Nächstes malen soll. Hierbei spricht man die Kinder der Reihe nach an, damit es weiterhin ruhig und entspannt zugeht.
- Die Kinder setzen sich alle hintereinander (Kreis bilden) und massieren immer ihren Vordermann.
- Jüngere Kinder können die Massage erst einmal an einem Kuscheltier üben.

Farbumspülung (ab 2 Jahren)

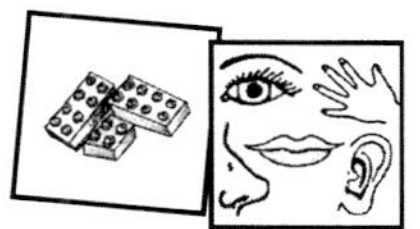

Material:
feste Malerfolie (2 x 2 m), Wasserfarben (Gelb, Rot, Blau), Pinsel, Eimer (5 l), Wasser, Messbecher

Vorbereitungen:
Mit dem Messbecher 2 l Wasser in den Eimer füllen. Das Wasser mit Hilfe des Pinsels und einer Wasserfarbe färben, bis die gewünschte Farbintensität erreicht ist. Hierbei können Sie die Kinder entscheiden lassen, welche Farbe genommen wird. Falls eine Sekundärfarbe gewünscht wird, können sie diese aus den Grundfarben mischen.

Spielregeln:
1. Die Folie wird in der Mitte des Raumes auf dem Boden ausgebreitet.
2. Die Kinder verteilen sich gleichmäßig an allen Seiten der Folie und fassen diese wie ein Schwungtuch an. Sie halten die Folie auf Spannung, sodass sie in ihrer Bauchhöhe schwebt.
3. Nun legt sich ein Kind mit dem Rücken auf den Boden unter die Folie. Es muss in der Mitte liegen.
4. Schütten Sie langsam das gefärbte Wasser auf die Folie.
5. Dann wird die Folie langsam gesenkt, bis sie das Kind am Bauch berührt. Durch Bewegen der Folie nach oben und unten versuchen die Kinder, das Kind unter der Folie langsam mit dem gefärbten Wasser zu umspülen. (Achtung: Den Kopf des Kindes aussparen!)
6. Das Kind unter der Folie kann, wenn es möchte, auch die Augen schließen. Es soll versuchen, genau zu spüren, wie sich die Farbspülung anfühlt.
7. Nach ein paar Minuten wird gewechselt und ein anderes Kind kriecht unter die Folie.

Varianten:
- Das Wasser vorher erwärmen, damit es nicht so kalt ist.
- Man schüttet erst einen Liter Wasser in einer Grundfarbe auf die Folie, dann einen Liter einer zweiten Grundfarbe und vermischt sie.

Tipp:
- Bevor sich das erste Kind unter die Folie legt, erst einmal mit dem Wasser auf der Folie experimentieren, damit die Kinder ein Gefühl für die Bewegungen des Wassers bekommen. Hierbei kann man auch noch kleine Bälle auf das Wasser legen, die wie Fische im Wasser umherschwimmen sollen.
- Bei gutem Wetter nach draußen auf eine Wiese gehen, dann erspart man sich das Putzen, falls Wasser überschwappt.

Hinweis:
Lassen Sie die Kinder bei diesem Angebot nicht ohne Aufsicht und Begleitung, da hier mit einer Plastikfolie hantiert wird!

Wo ist die Farbe? (ab 3 Jahren)

Material:
je Kind 1 Viereck (20 x 20 cm) aus Tonkarton in Rot, Orange, Gelb, Grün, Blau und Violett, Handtrommel

Vorbereitung:
Die Vierecke so im Raum verteilen, dass die Kinder zwischen den Vierecken herumlaufen können.

Spielregeln:
Die Kinder laufen durch den Raum, ohne die Vierecke zu berühren. Der Trommelschlag gibt den Rhythmus vor. Wenn der Trommelschlag verstummt, nennt die Spielleitung eine Farbe. Die Kinder laufen dann so schnell wie möglich zu dem entsprechenden Viereck und setzen sich darauf. Wenn alle angekommen sind, geht es von vorn los.

Varianten:
- Die Bewegungsart ändern: auf Zehenspitzen, auf einem oder beiden Beinen hüpfen, krabbeln, im Spinnengang gehen, kriechen …
- Die Kinder müssen ein Viereck ihrer Wahl mit einem bestimmten Körperteil berühren, zum Beispiel der Hand, der Nase, dem Knie …
- Die Spielleitung ruft statt der Farbe einen Gegenstand auf, der **eine** bestimmte Farbe hat. Die Kinder müssen erst überlegen, welche Farbe der Gegenstand hat, und rennen dann zu dem entsprechenden Viereck.

Ampelspiel (ab 3 Jahren)

Material:
je ein Kreis (Durchmesser: 20 cm) aus Tonkarton in den Farben Rot, Gelb und Grün

Spielregeln:
Folgende Regelung wird mit den Kindern vereinbart:
ROT = stoppen, GELB = langsam bewegen, GRÜN = schnell bewegen.
Die Kinder laufen nun durch den Raum. Die Spielleitung stellt eine Ampel dar und regelt die Geschwindigkeit mit den Tonkartonkreisen, die sie abwechselnd hochhält.

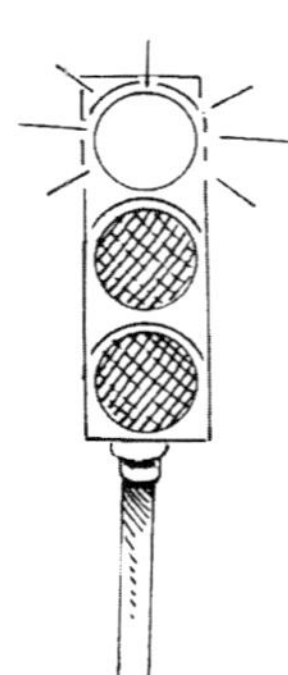

Varianten:
- Die Bewegungsart ändern: krabbeln, kriechen, hüpfen, auf Zehenspitzen gehen, schleichen …
- Die Kinder bilden einen Bus, indem sie sich paarweise hintereinanderstellen und der Hintere sich bei dem Vorderen an den Schultern festhält. So bewegen sie sich nun zusammen.

Spiele mit dem Schwungtuch (ab 2 Jahren)

Material:
1 rundes Schwungtuch, das in farbige Keile unterteilt ist, 1 Ball

Spielmöglichkeiten:

1. Farbentausch:
Die Kinder werden der Farbe zugeordnet, die das Schwungtuch an der Stelle hat, an der sie es festhalten. Wenn alle Kinder ihre Farbe benannt haben, kann es losgehen. Das Tuch wird gemeinsam dreimal hoch und runter bewegt. Dabei zählen alle zusammen laut mit. Wenn das Tuch beim dritten Mal oben angekommen ist, ruft die Spielleitung eine Farbe. Die Kinder, die diese Farbe haben, lassen das Tuch schnell los und wechseln unter dem Tuch durchlaufend die Plätze.

Varianten:
- Die Spielleitung benennt mehrere Farben gleichzeitig.
- Anstelle der Farbe nennt die Spielleitung Obst oder Gemüse, das man eindeutig einer Farbe zuordnen kann.
- Die Kinder sitzen alle und schlagen kleine Wellen mit dem Tuch. Beim Platzwechsel müssen die Kinder unter dem Tuch durchkriechen oder um das Tuch herumlaufen.
- Die Kinder halten das Tuch alle mit der rechten Hand fest und laufen gleichmäßig im Uhrzeigersinn. Erst langsam gehen und dann traben. Wenn der Spielleiter nun eine Farbe nennt, müssen die Kinder, die an dieser Farbe stehen, die Mitspieler vor ihnen laufend überholen, bis sie eine freie Farblücke erreicht haben.

2. Paketzustellung:
Ein Ball wird auf das Tuch gelegt, er ist das Paket, das zugestellt werden soll. Durch Auf-und-ab-Bewegen des Tuches wird er auf dem Tuch hin und her bewegt. Die Spielleitung nennt die Adresse, zu der das Paket geschickt werden soll. Die Adresse besteht aus einer Farbe und dem Namen des Kindes, das bei dieser Farbe steht. Alle anderen Kinder sollen das Paket zustellen. Der Empfänger darf, sobald er den Ball fassen kann, mit einer Hand zugreifen. Dann nennt er eine neue Adresse für das Paket.

Varianten:
- Mehrere Pakete werden gleichzeitig zugestellt. Entweder zu ein und derselben Adresse oder zu unterschiedlichen.
- Anstelle des Balls werden andere Dinge als Pakete verschickt (z. B. ein Hut, ein kleiner Karton, ein ausgeblasenes Ei).

3. Aufgaben lösen:
Die Kinder werden wie beim Spiel „Farbentausch“ den Farben zugeordnet. Während das Tuch auf und ab bewegt wird, stellt die Spielleitung die Aufgabe und nennt die Farbe, die an der Reihe ist.
Zum Beispiel: Alle Roten sollen auf einem Bein um das Tuch herumhüpfen. Alle Gelben machen fünfmal einen Hampelmann. Alle Grünen legen sich schnell auf den Bauch und stehen wieder auf.

4. Farben fühlen:
2 – 3 Kinder legen sich auf den Rücken unter das Schwungtuch. Die anderen Kinder verteilen sich gleichmäßig um das Tuch und schwingen es zusammen rauf und runter. Die Kinder unter dem Tuch lassen die auf sich herabsinkenden Farben auf sich wirken. Nach dreimaligem Absinken wechseln die Kinder unter dem Tuch die Position, sodass eine andere Farbe auf sie herabsinkt. Fühlt es sich bei Gelb anders an als bei Rot?

Bewegungsspiel „Was gehört wohin?“ (ab 3 Jahren)

Material:
4 Rollbretter, 4 Eimer, pro Eimer 3 Gegenstände (evtl. mehr, sodass jedes Kind dreimal an der Reihe ist) in den Grundfarben (Gelb, Rot, Blau), 3 Gymnastikreifen, je ein Viereck (20 x 20 cm) aus Tonkarton in den Grundfarben, 4 Pylonen

Vorbereitung:
Die Eimer mit den Gegenständen füllen und an einem Ende des Raumes nebeneinander in einem Abstand von 1 m aufstellen. In der Mitte des Raumes die drei Gymnastikreifen in einem Abstand von 1 m hinlegen. In jeden Gymnastikreifen ein farbiges Viereck legen. Am anderen Ende des Raumes die vier Pylonen in einem Abstand von 1 m nebeneinander aufstellen, als Startposition für die Kinder. An jede Startposition ein Rollbrett hinstellen.

Spielregeln:
Die Kinder werden in vier gleich große Gruppen auf die Startpositionen verteilt.
Das erste Kind jeder Gruppe kniet sich auf das Rollbrett und bewegt es vorwärts, indem es sich mit den Händen vom Boden abstößt. Wenn es bei dem Eimer angekommen ist, sucht es sich einen Gegenstand heraus, legt ihn auf das Rollbrett und fährt damit zu dem gleichfarbigen Gymnastikreifen. Dort legt es den Gegenstand hinein und fährt zur Startposition zurück.
Nun ist das nächste Kind an der Reihe.
Das Spiel endet, wenn eine Gruppe alle Gegenstände in die Gymnastikreifen gelegt hat und wieder komplett am Startpunkt ist.

Varianten:
- Die Kinder sitzen in Fahrtrichtung auf dem Rollbrett und gehen, mit den Füßen auf dem Boden, vorwärts.
- Die Kinder sitzen gegen die Fahrtrichtung auf dem Rollbrett und stoßen sich mit den Füßen vom Boden ab.
- Ein Kind sitzt auf dem Rollbrett und ein weiteres aus der Gruppe schiebt es an. Dabei hält es mit den Händen die Schultern des sitzenden Kindes fest und lenkt es auf diese Weise.
- Die Kinder liegen auf dem Bauch auf dem Rollbrett und stoßen sich mit den Händen vom Boden ab.
- Ein Kind sitzt auf dem Rollbrett und hält ein Seil fest. Ein weiteres Kind der Gruppe zieht an dem Seil (zusätzliches Material: 4 Seile).

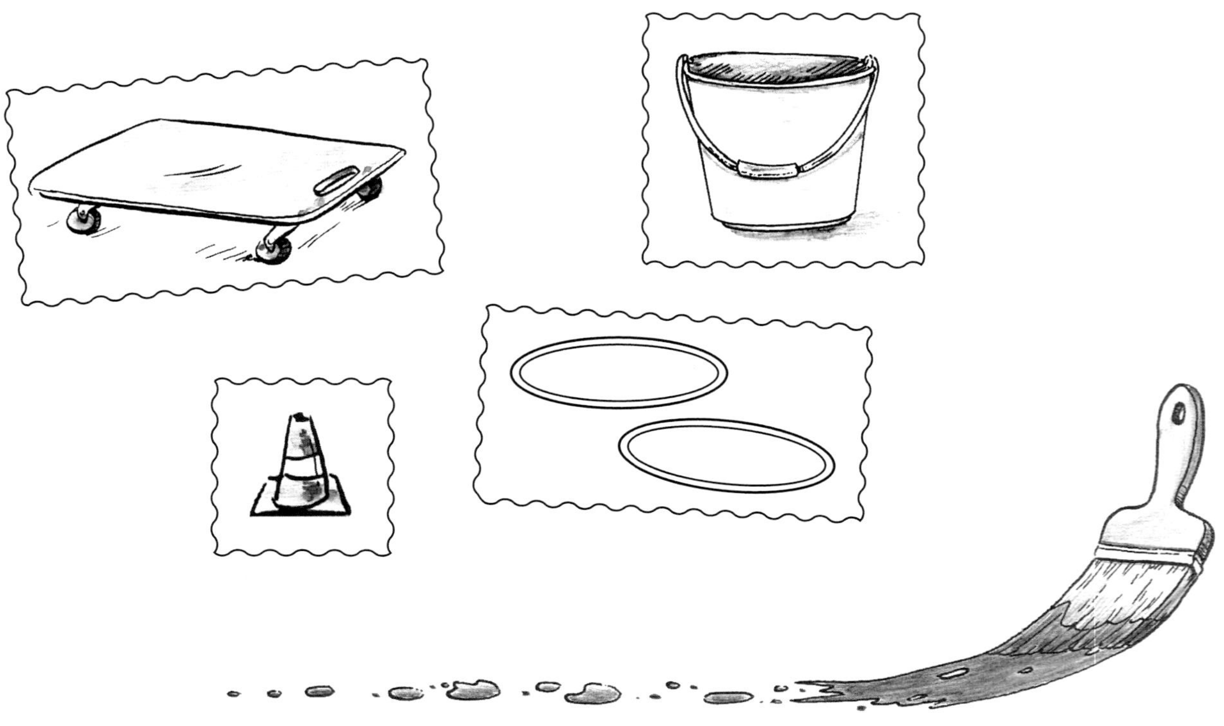

Bewegungsgeschichte „Suche die Farben des Regenbogens“ (1)

(ab 4 Jahren)

Material:
2 Bögen weißer Tonkarton, 1 schwarzer Filzstift, 5 Turnmatten, 3 Weichbodenmatten, 1 großer Kasten, 1 Langbank, 2 Schalen, Muggelsteine in Rot, Orange, Gelb, Grün, Blau und Violett (je ein Stein pro Kind), 1 Stoffbeutel (groß genug, dass alle Muggelsteine hineinpassen), 1 Sprossenwand, 1 Körbchen, 3 Seile, gelbe Wasserfarbe, Pinsel, Becher mit Wasser, wieder ablösbare Klebepads, Heftzwecken, 5 Reifen, 3 Froschbilder (Kopiervorlagen S. 47), Kriechtunnel, violettes Tuch

Vorbereitung:

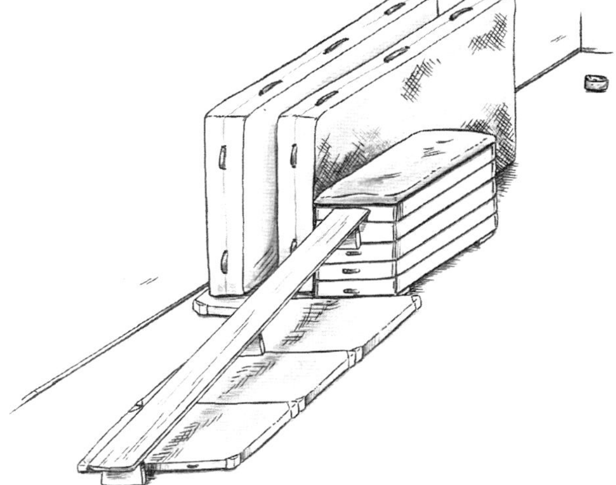

- *Bild vom Regenbogen:* Mit dem Filzstift die Streifen des Regenbogens auf den Tonkarton malen.
- *Vulkan:* 2 Turnmatten hintereinander auf den Boden an eine Wand legen. Darauf zwei Weichbodenmatten quer gegen die Wand stellen, die glatten Seiten zeigen nach innen.
  Den großen Kasten quer vor die Weichbodenmatten stellen, sodass diese stehenbleiben und nur ein schmaler Spalt zwischen beiden übrigbleibt. An einer Seite des Kastens eine Langbank einhängen und mit drei Turnmatten absichern. Gegenüber, am Ende der Weichbodenmatten, eine Schale mit roten Muggelsteinen aufstellen.
- *Orangenbaum:* Oben an die oberste Sprosse der Sprossenwand mit einem Seil ein Körbchen hängen, in dem sich orangefarbene Muggelsteine befinden, vor die Sprossenwand eine Weichbodenmatte legen.

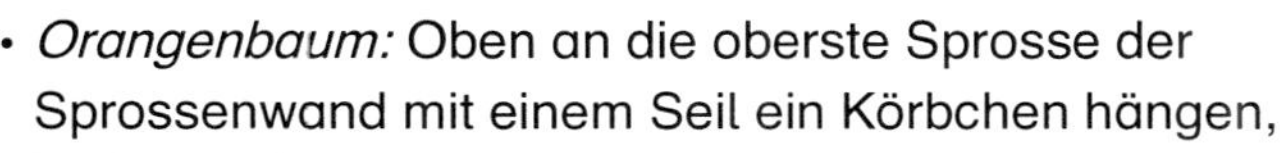

- *Bild von der Sonne:* Mit gelber Wasserfarbe eine Sonne auf den zweiten Tonkarton malen; nach dem Trocknen die gelben Muggelsteine mit den Klebepads auf der Sonne befestigen. Das Bild mit Heftzwecken an einer Wand aufhängen. Von der Wand wegführend mit zwei Seilen eine Linie legen.
- *Seerosenteich:* Fünf Reifen so auf dem Boden legen, dass die Kinder von einem Reifen in den nächsten springen können. In den letzten Reifen drei Froschbilder und die grünen Muggelsteine legen.
- *Höhle am Meeresgrund:* Kriechtunnel, an dessen Ende eine Schale mit blauen Muggelsteinen steht.
- *Wiese mit Krokussen:* Violettes Stofftuch unter dem sich die violetten Muggelsteine befinden.

Bewegungsgeschichte:
Im Land der Farben ist ein großes Verbrechen geschehen. Alle Farben des Regenbogens sind gestohlen worden! Die Einwohner sind sehr traurig, da vom bunten Regenbogen nur ein schwarz-weißer Bogen übriggeblieben ist. ***(Den Kindern das Bild vom leeren Regenbogen zeigen.)***
Sie haben Detektive beauftragt, die Farben des Regenbogens zurückzubringen. Bevor die Detektive sich auf die Suche nach den Farben machen, schütteln sie sich, um ihren ganzen Körper aufzuwecken.
(Den ganzen Körper schütteln.)
Nun sind sie ganz wach und machen sich als Erstes auf die Suche nach dem Rot. Sie halten Ausschau nach einem Vulkan, in dessen Innerem sich heiße, rote Lava befindet. ***(Herumgehen, eine Hand an die Stirn halten und umherschauen.)*** Von der Lava wollen sie rote Farbteile für den Regenbogen mitnehmen. Dann müssen sie mutig und wachsam den Vulkan erklimmen und vorsichtig in ihn hineingleiten.
(Die Langbank hochklettern, auf den Kasten gehen, auf die Weichbodenmatten klettern, zwischen den Weichbodenmatten mit den Füßen voran hinunterrutschen.) Am Boden des Vulkans finden sie rote Farbteile, von denen jeder Detektiv ein Stück für den Regenbogen mitnimmt.
(Einen Muggelstein aus der Schale nehmen.)
Die Detektive sammeln alle Farbteile in einem Beutel, damit sie diese nicht mehr verlieren und wechseln sich mit dem Tragen ab. ***(Jedes Kind legt seinen Muggelstein in den Stoffbeutel.)***

Bewegungsgeschichte „Suche die Farben des Regenbogens“ (2)

(ab 4 Jahren)

Nachdem sie nun schon die erste Farbe gefunden haben, machen sie sich schnell auf die Suche nach der zweiten Farbe, dem Orange.
Sie recken sich und schauen sich nach einem Orangenbaum um. ***(Auf Zehenspitzen gehen, eine Hand an die Stirn halten und umherschauen.)*** Bei diesem möchten sie etwas orange Farbe für den Regenbogen ernten. Sie klettern den Orangenbaum bis in die Baumspitze hoch und entnehmen jeder einen Farbteil von einer Orange. Anschließend springen sie mutig wieder vom Baum hinunter. ***(Die Sprossenwand hochklettern, aus dem Körbchen einen Muggelstein nehmen und hinunterspringen.)*** Auch diese Farbteile sammeln sie in ihrem Beutel. ***(Jedes Kind legt seinen Muggelstein in den Beutel.)***
Nun müssen sie sich auf die Suche nach der dritten Farbe machen, dem Gelb. Sie fliegen mit einer Rakete bis zur Sonne, um Farbteile von ihr mitzunehmen. ***(Arme wie Flügel ausbreiten und wie eine Rakete durch den Raum laufen.)*** Da die Sonne sehr blendet, müssen sie ihre Augen schützen, indem sie diese verschließen und sich blind bis zur Sonne vortasten. ***(Mit geschlossenen Augen tasten sie sich auf dem Seil gehend bis zur Wand vor, erfühlen dann mit den Händen einen Muggelstein und gehen mit ihm auf dem anderen Seil zurück.)*** Die neuen Farbteile stecken sie in den Beutel. ***(Jedes Kind legt seinen Muggelstein in den Beutel.)***
Nun haben sie schon drei Farben gefunden. Bevor sie sich auf die Suche nach der vierten Farbe, dem Grün, machen, lockern sie ihre Arme und Beine für den Rückflug zur Erde. ***(Arme und Beine ausschütteln und als Raketen durch den Raum laufen.)***
Auf der Erde suchen sie dann einen großen Seerosenteich mit Fröschen. Damit die Frösche nicht vor Schreck in den Teich springen, schleichen sie sich ganz leise an. ***(Vorsichtig schleichen, eine Hand an die Stirn halten und umherschauen.)*** Am Teich angekommen, springen sie wie Frösche von einem Seerosenblatt zum anderen, um sich auf dem letzten Blatt bei den Fröschen das Farbteil zu holen. Dabei quaken sie den Fröschen ein freundliches „Hallo“ zu. Dann springen sie wieder zum Ufer zurück. ***(Wie ein Frosch von einem Reifen in den nächsten springen, im letzten Reifen einen grünen Muggelstein aufheben und zurückspringen, dabei quaken.)*** Die grünen Farbteile kommen in den Beutel. ***(Jedes Kind legt seinen Muggelstein in den Beutel.)***
Nun fehlen nur noch zwei Farben und die Detektive haben ihren Auftrag bald erfüllt. Sie machen sich auf die Suche nach dem Meer. ***(Herumgehen, eine Hand an die Stirn halten und umherschauen.)***
Dort angekommen springen sie hinein und schwimmen zu einer dunklen Höhle ***(Mit den Armen Schwimmbewegungen machen.)*** Sie machen sich so klein wie möglich, um durch die Höhle zu schwimmen ***(durch den Tunnel krabbeln),*** denn am anderen Ende befinden sich die blauen Farbteile, die sie noch brauchen. ***(Einen blauen Muggelstein nehmen.)*** Auch diese wertvollen Farbteile verstauen sie in ihrem Beutel. ***(Jedes Kind legt seinen Muggelstein in den Beutel.)***
Bald ist es geschafft, denn jetzt fehlt ihnen nur noch eine Farbe, das Violett. Doch um das zu finden, schwimmen sie erst einmal wieder ans Ufer. ***(Mit den Armen Schwimmbewegungen machen.)*** Dort angekommen gehen sie auf die Suche nach einer Wiese voller Krokusse. ***(Herumgehen, eine Hand an die Stirn halten und umherschauen.)*** Sie knien sich vorsichtig an den Rand der Wiese, damit sie auf keine Blüte treten. ***(Neben das Tuch knien.)*** Nun müssen sie noch einmal Fingerspitzengefühl beweisen, indem sie vorsichtig in der Wiese nach den Farbteilen suchen. ***(Mit den Händen unter dem Tuch nach den Muggelsteinen tasten.)*** Wenn alle ihr violettes Farbteil gefunden haben, verstauen sie es in ihrem Beutel ***(jedes Kind legt seinen Muggelstein in den Beutel)*** und machen sich gemütlich auf den Rückweg zur Hauptstadt vom Land der Farben, um ihren Bewohnern die ersehnten Farben zurückzubringen. ***(Gehen bis zum Startplatz, an dem sich das Regenbogenbild befindet.)***
Hier erfüllen sie ihre letzte Aufgabe und legen ihre Farbteile auf den Regenbogen, sodass er wieder bunt ist. ***(Jedes Kind holt seine Steine aus dem Beutel und legt seine Farbteile auf das Regenbogenbild.)*** Nach dieser erfolgreichen Mission erinnern sie sich gerne an die einzelnen Stationen ihrer Suche. ***(Die Kinder dürfen die einzelnen Stationen noch einmal ausprobieren.)***

Kopiervorlage zur Bewegungsgeschichte „Suche die Farben …“

✂ ....

Bewegungsspiel „Der Weg über den Farbensee“ (ab 3 Jahren)

Material:
je 20 Vierecke (20 x 20 cm groß) aus Tonkarton in verschiedenen Farben (Rot, Orange, Gelb, Grün, Blau und Violett)

Vorbereitung:
Pro Farbe die Vierecke so im Raum als See verteilen, dass die Kinder innerhalb einer Farbe von einem Viereck zum anderen gehen (Nicht springen!) können. Je nach Entwicklungsstand der Kinder können Sie die Abstände zwischen den Vierecken variieren.

Spielregeln:
Die Kinder versuchen, von einem Ufer des Farbensees zum anderen Ufer zu gelangen, indem sie nur auf die Vierecke einer Farbe treten. Wenn sie es bei einer Farbe geschafft haben, versuchen sie es auch bei den anderen Farben.

Varianten:
- Die Kinder gehen auf Zehenspitzen.
- Die Kinder gehen auf den Fersen.
- Die Kinder gehen rückwärts.
- Die Kinder gehen zu zweit, halten sich dabei an einer Hand fest und dürfen sich nicht loslassen.

Farben wünschen (ab 3 Jahren)

Material:
Bildkarten (Vorlagen s. S. 8 und 9)

Spielregeln:
Alle Spieler sitzen im Stuhlkreis. Ein Stuhl bleibt frei. In der Mitte des Kreises liegen die Bildkarten offen für alle sichtbar.
Der Spieler, der links vom freien Stuhl sitzt, fängt an. Er klopft auf den Stuhl und sagt dabei: „Mein rechter, rechter Platz ist frei, ich wünsche mir die / den *(Name eines Spielers)* herbei!"
Der genannte Spieler antwortet: „Welche Farbe soll das Bild haben, das ich dir mitbringe?"
Der andere Spieler nennt seine Wunschfarbe. (Hierbei muss er darauf achten, dass es auch ein passendes Bild gibt!)
Nun sucht der genannte Spieler aus den Bildkarten in der Mitte eine Karte mit der gewünschten Farbe heraus. Diese gibt er dann dem Spieler, der ihn gerufen hat, und setzt sich auf den freien Platz neben ihn.
Nun ist der Spieler an der Reihe, dessen rechter Platz freigeworden ist.
Das Spiel endet, wenn alle Bildkarten gewünscht worden sind.

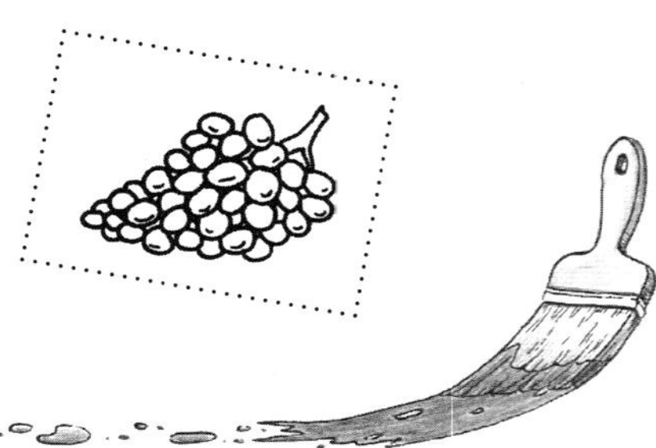

Farben-Mischmasch (ab 3 Jahren)

Material:
Schminke in folgenden Farben: Rot, Orange, Gelb, Grün, Blau und Violett

Spielregeln:
Alle Spieler sitzen im Stuhlkreis. Sie malen jedem Spieler und sich selbst einen farbigen Punkt auf die Hand. Achten Sie hierbei darauf, dass alle Farben gleichmäßig verteilt sind. Nun stellen Sie sich in die Mitte des Kreises und sagen: „Alle, die einen *(Farbe)* Punkt haben, wechseln die Plätze!" Alle Spieler, auf die diese Aussage zutrifft, stehen auf und wechseln schnell ihre Plätze. Dabei versuchen Sie, selbst einen Stuhl zu erwischen. Nun ist der Spieler an der Reihe, der keinen Platz bekommen hat. Anstelle einer einzelnen Farbe kann der Spieler auch Folgendes sagen: „Alle Farben des Regenbogens wechseln die Plätze!" Dann müssen alle Spieler den Platz tauschen.

Varianten:
- Statt der Farben kann man auch Merkmale der Spieler nennen, zum Beispiel: „Alle, die rote Socken tragen, wechseln die Plätze!"
- Anstelle der Farben kann man auch Dinge nennen, die nur eine Farbe haben, zum Beispiel: „Alle, deren Farbe die gleiche ist wie bei einer Zitrone, wechseln die Plätze!"
- Zwei Farben nennen, zum Beispiel: „Alle, die einen gelben oder roten Punkt haben, wechseln die Plätze!"
- Dem Spieler in der Mitte werden die Augen verbunden. Nun muss er versuchen, einen der Spieler zu erwischen, der den Platz tauscht. Hierbei bewegen sich die Spieler möglichst lautlos, damit sie nicht gefangen werden. Der Gefangene muss den Platz in der Mitte einnehmen.